THE STANDARD FOR
PROGRAM MANAGEMENT
Fourth Edition

项目集管理
标准

（第四版）

［美］Project Management Institute　著

电子工业出版社·

Publishing House of Electronics Industry

北京·BEIJING

版权贸易合同登记号 图字：01-2019-3944

图书在版编目（CIP）数据

项目集管理标准：第四版 / 美国项目管理协会著. —北京：电子工业出版社，2019.9

ISBN 978-7-121-37201-8

Ⅰ.①项… Ⅱ.①美… Ⅲ.①项目管理－标准－美国 Ⅳ.①F224.5-65

中国版本图书馆CIP数据核字(2019)第186159号

责任编辑：刘露明
文字编辑：卢小雷
印　　刷：北京虎彩文化传播有限公司
装　　订：北京虎彩文化传播有限公司
出版发行：电子工业出版社
　　　　　北京市海淀区万寿路173信箱　邮编100036
开　　本：880×1230　1/16　印张：12.25　字数：295千字
版　　次：2008年3月第1版
　　　　　2019年9月第4版
印　　次：2024年1月第11次印刷
定　　价：108.00元

凡所购买电子工业出版社图书有缺损问题，请向购买书店调换。若书店售缺，请与本社发行部联系，联系及邮购电话：（010）88254888，88258888。

质量投诉请发邮件至zlts@phei.com.cn，盗版侵权举报请发邮件至dbqq@phei.com.cn。

本书咨询联系方式：（010）88254199，sjb@phei.com.cn。

声明

作为项目管理协会（PMI）的标准和指南，本指南是通过相关人员的自愿参与和共同协商而开发的。其开发过程汇聚了一批志愿者，并广泛收集了对本指南内容感兴趣的人士的观点。PMI管理该开发过程并制定规则以促进协商的公平性，但并没有直接参与写作，也没有独立测试、评估或核实本指南所含任何信息的准确性、完整性或本指南所含任何判断的有效性。

因本指南或对本指南的应用或依赖而直接或间接造成的任何人身伤害、财产或其他损失，PMI不承担任何责任，无论特殊、间接、因果还是补偿性的责任。PMI不明示或暗示地保证或担保本指南所含信息的准确性与完整性，也不保证本指南所含信息能满足你的特殊目的或需要。PMI不为任何使用本标准或指南的制造商或供应商的产品或服务提供担保。

PMI出版和发行本指南，既不代表向任何个人或团体提供专业或其他服务，也不为任何个人或团体履行对他人的任何义务。在处理任何具体情况时，本指南的使用者都应依据自身的独立判断，或在必要时向资深专业人士寻求建议。与本指南议题相关的信息或标准亦可从其他途径获得。

读者可以从这些途径获取本指南未包含的观点或信息。PMI无权也不会监督或强迫他人遵循本指南的内容，不会为安全或健康原因对产品、设计或安装进行认证、测试或检查。本指南中关于符合健康或安全要求的任何证明或声明，都不是PMI做出的，而应由认证者或声明者承担全部责任。

目录

图表目录

1
—

引言

第四版《项目集管理标准》针对项目集的管理原则提供了指南。它为项目集和项目集管理提供了公认的定义，为项目集管理绩效领域、项目集生命周期以及重要的项目集管理原则、实践和活动的成功提供了重要的概念。本版《项目集管理标准》扩展并阐明了之前版本中的概念。它与项目管理协会（PMI）的核心基本标准和指导性文件保持一致，并做出补充。这些标准和文件包括最新版《项目管理知识体系指南》（《PMBOK® 指南》）[1][^1]，《项目组合管理标准》[2]，*Implementing Organizational Project Management*（暂无中文版）[3]，以及《PMI 项目管理术语词典》[4]。

本部分定义并说明了与标准范围有关的术语，并介绍了以下内容。其中的主要章节包括：

1.1 **《项目集管理标准》的目的**

1.2 **什么是项目集**

1.3 **什么是项目集管理**

1.4 **项目组合、项目集和项目管理之间的关系以及它们在组织级项目管理 (OPM) 中的角色**

1.5 **组织战略、项目集管理和运营管理之间的关系**

1.6 **商业价值**

1.7 **项目集经理的角色**

1.8 **项目集发起人的角色**

1.9 **项目集管理办公室的角色**

[^1]: 括号内的数字与本标准后面的参考文献列表序号相对应。

1.1 《项目集管理标准》的目的

《项目集管理标准》为项目集管理原则、实践和活动提供指导。这些原则、实践和活动被公认为在大多数时候适用于大多数项目集，并为项目集管理的良好实践提供支持。

◆ "项目集管理原则"是那些对有效实施项目集管理来说，正确并且重要的原则。

◆ "被公认"意味着人们的普遍共识是，所述的原则、知识和实践都是有价值且实用的。

◆ "良好实践"则指，人们普遍认为，使用这些原则、知识和实践，能够改善项目集管理，提高项目集成功的可能性，而项目集的成功是通过效益交付与实现的程度和有效性来度量的。良好实践并不意味着本标准的所有规定均适用于所有的项目集、组织领导、项目集经理和项目集团队，应由项目集管理办公室（如有）负责根据项目集及其发起组织的独特或具体的要求来决定哪些内容最适合给定的项目集。

一般地，《项目集管理标准》还提供了对项目集经理角色的共同理解，特别是与以下人员互动时：

◆ 项目组合经理，其负责的项目组合包括项目集或其组件。

◆ 项目经理，其负责的项目为项目集的组成部分。

◆ 项目集发起人及其他项目集指导委员会成员。该指导委员会还可称作项目集或项目组合治理委员会。

◆ 项目集或项目管理办公室。

◆ 从事项目集或其他子项目集工作的项目集团队成员。

◆ 项目集受益方。

◆ 其他可能影响项目集的相关方（例如，组织高管、商业伙伴、客户、供应商、卖方、领导或政治团体）。

应用《项目集管理标准》时，应遵守项目管理协会《道德与专业行为规范》[5]的规定，该规范阐明了项目集经理在从事其工作时应履行的义务，包括责任、尊重、公平与诚实。《道德与专业行为规范》要求从业者做出承诺，恪守道德与专业行为规范，遵守法律法规，履行组织与专业政策所规定的义务。

1.2　什么是项目集

项目集是相互关联且被协调管理的项目、子项目集和项目集活动，以便获得分别管理所无法获得的效益。

以项目集的形式管理项目、子项目集及项目集活动能确保项目集组件的战略和工作计划根据各组件的成果做出相应调整，或者按照发起组织的方向或战略做出相应变更，从而加强效益交付。项目集实施的目的主要是为了向发起人组织或发起组织的组成部分交付效益。项目集可通过多种方式交付效益，如增强现有能力，促进变革，建立或维护资产，提供新产品和新服务，创造产生价值或保有价值的新机会。上述效益将作为成果交付给发起组织，该成果为组织与项目集预期的受益人或相关方提供实用功能。

项目集的预期效益主要通过组件项目和子项目集交付，它们的目的是为了产生输出和成果。项目集的组成部分通过其互补目标相联系，这些目标都对效益的交付有所贡献。

如果组件项目或项目集不会促进共同目标或互补目标的实现；或者并不会一同为共同效益的交付做出贡献；或者仅通过支持、技术或相关方等共同资源相关联，则使用项目组合管理往往比使用项目集管理更好（见《项目组合管理标准》[2]）。

以下为项目集要素列表及其定义：

◆ **"组成部分"** 包括支持项目集的项目、子项目集或其他相关活动。

◆ **"项目"** 是为创造独特的产品、服务或成果而进行的临时性工作，如《项目管理知识体系指南》（《PMBOK® 指南》）[1] 所述。项目用来产生项目集所要求的输出或成果，受到确定要素的制约，如预算、时间、规范、范围和质量等。

◆ **"子项目集"** 是为了达成主项目集重要目标子集而发起与实施的项目集。例如，一个开发某新型电动车的项目集可能发起其他项目集，它们涉及新型发动机、电池和充电站技术的开发。上述其他项目集都将按本标准进行管理，也将作为发起项目集的组成部分进行监控和管理。

◆ "其他项目集相关活动"为项目集的工作流程或活动提供支持，但它们并不会与项目集所发起或实施的子项目集或项目直接绑定。项目集所发起的流程和活动的例子可包括培训、规划、项目集层面的控制、报告、会计和行政管理。与项目集组成部分直接相关的运营活动或维护职能可被视为其他的项目集相关活动。

在项目集管理背景下，"活动"一词应被解读为项目集活动。项目集活动是为项目集提供支持的活动，而不是作为项目集组件项目所从事的活动。

项目和项目集之间的主要区别在于，项目集效益交付战略可能需要优化调整，因为项目集各个组成部分的成果都是分别实现的。项目集效益交付的最佳机制起初可能模糊不清，并不确定。项目集各组成部分的交付成果有助于项目集预期效益的交付，必要时，需要细化项目集及其组成部分的战略。

项目集经理为了优化对组织的效益交付而对战略进行调整，对其就绪程度进行确认，是将一个提案作为项目集管理主要价值的基础。项目集可能需要适应其组成部分的成果和输出，修改其战略或计划，因此，项目集各组成部分可能需要采用迭代、非时序的方式达成。

图 1-1 所示的项目集生命周期表明了项目集交付阶段的非时序性质。在项目集中，通过迭代实现的各组件所产生的输出流和成果流需要对组织效益有所贡献。项目集效益可能会在整个项目集实施期间增量地实现，也可能在项目集结束之时或之后方可实现。本标准第7章将详细探讨项目集生命周期。

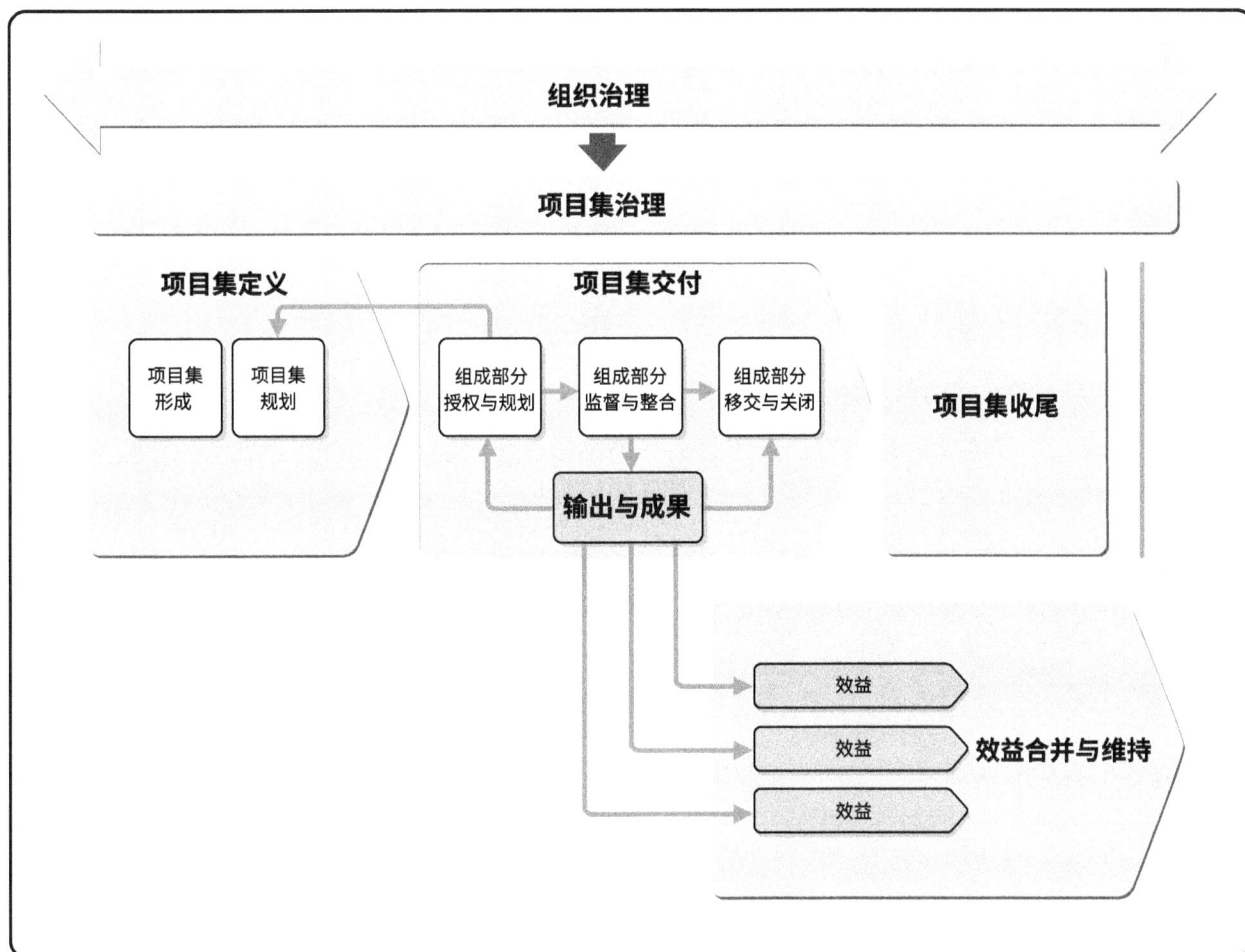

图 1-1　项目集生命周期

项目集可采用增量方式交付效益，在全组织范围实施的流程改进就是一例。这样的项目集可纳入一些组件项目，用于实现标准化和加强特定的流程（例如，财务控制流程、库存管理流程、招聘流程、绩效评估流程）和子项目集，以确保充分实现将各项目整合在一起的效益（例如，确保采用改进的流程，或者采用新流程衡量员工的满意度和绩效）。项目集的每个组件都将在完成时提供增量效益。各组件的成果还可能触发新项目的启动，从而进一步改进流程、满意度和绩效。不过，在业务改进所需的所有项目和子项目集完成交付其预期的项目集效益之前，该项目集就不算完成。

另外，项目集可一次性整体交付预期的效益。在这种情况下，项目集完成后，其效益方可实现。一个药物开发项目集可以视为拥有统一效益交付的项目集，在整个药物开发项目集成功完成前，各个组件并不会带来效益。项目集完成后，药物经批准可以销售，病人接受药物治疗，组织从药物销售中获得效益。

1.2.1 项目集启动

项目集的启动或认可通常有两种方式：

◆ 在项目集及其组件项目的工作开始之前，项目集就要征集新的目的、目标或战略。这些项目集通常是为了支持新的战略目的和目标而启动的；它们使组织能够致力于达成自身的愿景和使命。这类项目集的例子包括：作为组织战略规划流程组成部分而启动的项目集（例如，作为项目组合的组成部分的新产品或服务的开发，或者拓展进入新市场），影响人类行为的项目集（例如，提高对健康行为或恐怖威胁的认识，或者确保遵守新规定），或者应对危机的项目集（例如，提供灾难救济或管理公共卫生问题）。这些项目集通常从一开始就得到项目集管理活动的支持。

◆ 当某组织认识到其正在进行的项目、项目集和其他工作通过其所追求的共同成果、能力、目标或效益而联系起来时，也可能会形成项目集（例如，一个由以前独立的软件开发计划支持的流程改进项目集，或者一个社区的复兴计划项目集，其通过多个建设公共园区和交通控制项目以及一个社区外展项目集提供支持）。当某组织认为，将持续管理的多个计划作为一个单独的项目集来管理会更为有效地实现组织效益时，往往会形成上述项目集。在这些项目集中的部分或全部启动后，项目集管理活动将提供支持。

新启动的或新识别的项目集应该按照本标准的后续章节所描述的原则和生命周期管理指导方针进行管理。例如，项目集经理的职责是确保完成对项目集定义重要的活动，而该项目集的项目与其他项目集可能已经开始。

1.2.2 项目组合、项目集和项目之间的关系

项目组合、项目集和项目之间的关系如下所述：

◆ 项目组合是指一批为实现战略目标而组合在一起管理的项目、项目集、子项目组合和运营工作。

◆ 项目集对相互关联的项目、子项目集和项目集活动实施协调管理，以便获得分别管理所无法获得的效益。项目集是项目组合的常见要素，其目的是为组织战略目标交付重要的效益。

◆ 项目无论是独立管理还是作为项目集的组成部分进行管理，都是临时性的，它们都是为了创建独特的产品、服务或成果而实施的。

作为组织的项目组合的重要组成要素，项目集和项目的实施是为了获得支持组织战略目标所需的输出和成果。

图 1-2 的例子说明了如何通过由项目集和项目组成的项目组合来达成组织的战略。

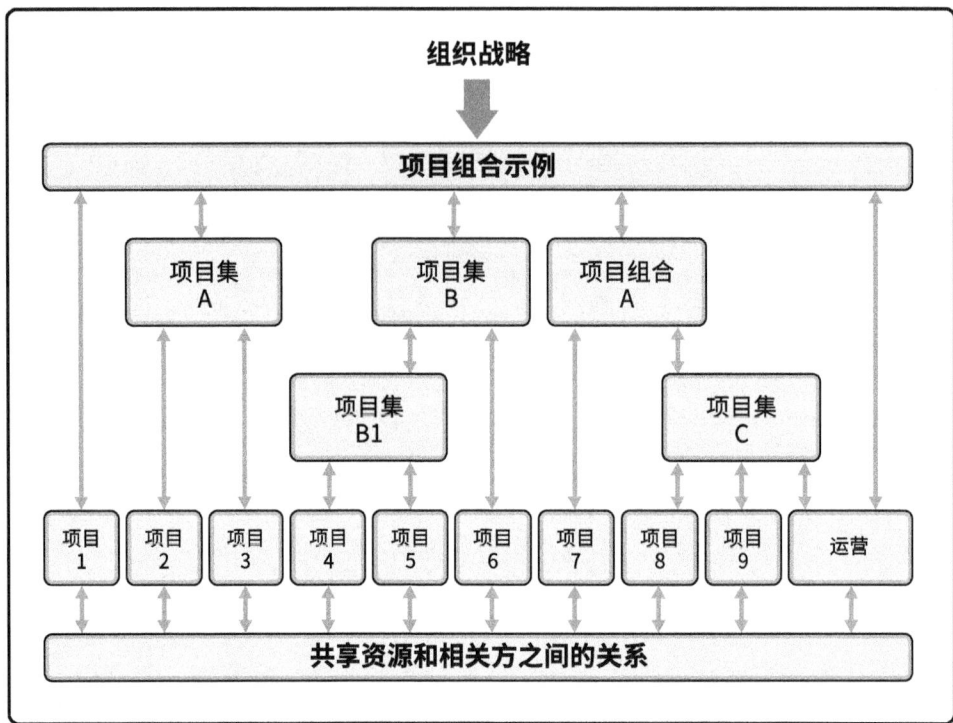

图1-2　项目组合、项目集、项目与组织战略的例子

1.3　什么是项目集管理

项目集管理是指在项目集中应用知识、技能与原则来实现项目集的目标，获得分别管理项目集组件所无法实现的效益和控制。项目集管理包括项目集组件一致性，以确保实现项目集目标，并优化项目集的效益交付。项目集经理负责实施项目集管理，其由组织授权以领导用于实现项目集目的和目标的团队。

项目集经理通过在以下五个相互关联和相互依赖的项目集管理绩效领域中采取措施，有效确保项目集的项目、子项目集和其他项目集活动保持一致，实现整合和控制：项目集战略一致性、项目集效益管理、项目集相关方参与、项目集治理和项目集生命周期管理。项目集管理绩效领域是对活动或职能相关领域的补充分组，这些活动或职能在项目集管理工作的整个范围内，专门描述和区分一个绩效领域中的活动。这些绩效领域将在本标准的后续部分中详细讨论。项目集经理通过这些项目集管理绩效领域监督和分析项目集组件的相互依赖关系，以确定管理它们的最佳方法。这些相互依赖关系的相关活动可能包括：

◆ 定义项目集组件的输出和成果如何为项目集交付其预期效益以及支持组织战略做出贡献。

◆ 监督项目集组件的效益实现，以确保它们在战略上与组织的目标保持一致。

◆ 确保项目集组件的输出和成果得到有效沟通和考虑，以使项目集能够有效地优化并实现其预期效益和提供价值。

◆ 领导和协调项目集活动（例如，融资和采购），这些活动横跨了所有项目集组件、工作或阶段。

◆ 与相关方沟通，并向其报告，以对项目集内正在进行的所有活动提供整合的观点。

◆ 主动评估和响应横跨项目集多个组件的风险。

◆ 将项目集的工作与组织战略和项目集的商业论证保持一致。

◆ 在共享的治理结构中解决范围、成本、进度、资源、质量和风险问题。

◆ 裁剪项目集管理活动、流程和接口，以有效解决项目集之间的文化、社会经济、政治和环境差异。

项目集经理应用项目集管理原则，以确保项目集及其组件得以适当地计划、控制和完成，并且项目集的效益得到适当的交付和维持。

1.4 项目组合、项目集和项目管理之间的关系以及它们在组织级项目管理 (OPM) 中的角色

要理解项目组合、项目集和项目管理之间的关系，必须认识到它们之间的相似性和差异性。理解它们与组织级项目管理 (OPM) 的关系也会有所帮助。

项目组合、项目集和项目管理都为组织提供了一种结构化的方法，使组织能够协调并有效地执行组织战略。然而，项目组合、项目集和项目管理的关注点不同，它们对实现战略目标的贡献方式也有所不同。

◆ 项目组合管理是指为了实现战略目标而对一个或多个项目组合进行的集中管理。项目组合管理侧重于在为发起人选择项目集或项目时建立和使用良好实践，确定目标和工作的优先级，并确保它们能够获得适当的资源。关于项目组合管理实践的标准请参见《项目组合管理标准》[2]。

◆ 项目集管理是指在项目集中应用知识、技能与原则来实现项目集的目标，获得分别管理项目集组件所无法实现的效益和控制。项目集管理侧重于对一组项目和其他与成果相关的项目集所产生效益的协调和有效交付。

◆ 项目管理就是将知识、技能、工具与技术应用于项目活动，以满足项目的要求。项目管理的重点是在确定的时间、成本和规范的限定条件下，实现组织所要求的输出和成果的有效交付。关于项目管理实践的标准，请参见《项目管理知识体系指南》[1]。

组织级项目管理提供了一个框架，项目组合、项目集和项目管理实践整合在该框架内，以实现组织的战略目标。组织级项目管理通过将项目组合、项目集和项目管理的原则与实践联系在一起，支持项目组合、项目集和项目管理的协调实践。组织级项目管理工作旨在为组织提供改善的绩效、更好的成果和可持续的战略效益。组织级项目管理实践的具体内容请参见*Implementing Organizational Project Management* [3]。

表 1-1 在组织的环境中对项目组合、项目集和项目的范围、侧重点和管理进行了比较。项目和项目集管理之间的区别将在第 2.5 节中进一步讨论。

表 1-1 项目、项目集和项目组合管理的比较概述

组织项目管理			
	项 目	**项 目 集**	**项 目 组 合**
定义	项目是为创造独特的产品、服务或成果而进行的临时性工作	项目集是一组相互关联且被协调管理的项目、子项目集和项目集活动,以便获得分别管理所无法获得的效益	项目组合是为实现战略目标而组合在一起管理的项目、项目集、子项目组合和运营工作的集合
范围	项目具有明确的目标。范围在整个项目生命周期中是渐进明细的	项目集的范围包括其项目集组件的范围。项目集通过确保各项目集组件的输出和成果协调互补,为组织带来效益	项目组合的组织范围随着组织战略目标的变化而变化
变更	项目经理对变更和实施过程做出预期,实现对变更的管理和控制	项目集的管理方法是,随着项目集各组件成果和/或输出的交付,在必要时接受和适应变更,优化效益实现	项目组合经理持续监督更广泛的内外部环境的变更
规划	在整个项目生命周期中,项目经理渐进明细高层级信息,将其转化为详细的计划	项目集的管理利用高层级计划,跟踪项目集组件的依赖关系和进展。项目集计划也用于在组件层级指导规划	项目组合经理建立并维护与总体项目组合有关的必要过程和沟通
管理	项目经理为实现项目目标而管理项目团队	项目集由项目集经理管理,其通过协调项目集组件的活动,确保项目集效益按预期实现	项目组合经理可管理或协调项目组合管理人员或对总体项目组合负有报告职责的项目集和项目人员
监督	项目经理监控在项目开展中生产产品、提供服务或成果的工作	项目集经理监督项目集组件的进展,确保整体目标、进度计划、预算和项目集效益的实现	项目组合经理监督战略变更以及总体资源分配、绩效成果和项目组合风险
成功	成功通过产品和项目的质量、时间表、预算的依从性以及客户满意度水平进行衡量	项目集的成功通过项目集向组织交付预期效益的能力以及项目集交付所述效益的效率和效果进行衡量	成功通过项目组合的总体投资效果和实现的效益进行衡量

1.4.1　项目组合、项目集和项目管理之间的交互

项目组合、项目集和项目管理之间的区别可以通过它们的交互来说明。项目组合经理确保项目集和项目按照组织的战略计划选择、排序与人员配备，以实现预期的组织价值。项目集经理专注于通过协调项目、子项目集和其他支持性工作来实现与组织战略计划一致的组织效益交付。项目经理专注于组织要求的特定输出和成果的达成，它们是项目、项目集或项目组合的组成部分。

1.4.2　项目集管理与项目组合管理之间的关系

项目集管理与项目组合管理之间的关系是相辅相成的。项目集和项目组合经理携手合作，确保组织所期望或要求的效益能够有效、高效地交付。组织战略和优先级是项目组合管理的组成部分，它们为定义的、即将实施的项目集提供依据，支持交付组织效益的项目集战略，分配项目集所需的资源。交付效益的项目集战略定义了追求组织效益、定义所需组织资源的具体方法。组织战略计划借助适当排序和资源配置的项目集来获得支持与交付，通过以上方式，项目集和项目组合管理可以对组织提供支持。

1.4.3　项目集管理与项目管理之间的关系

项目集管理与项目管理（由项目集经理和项目经理实施）之间的关系也是相辅相成的。项目集经理和项目经理共同制定可行战略来达成项目集目标，从而交付项目集的效益。项目集经理定义项目集战略和高层级项目集计划，为定义和授权项目经理负责管理的项目提供依据。项目经理管理项目交付的输出和成果，这些成果为重新确认或调整项目集及其组件所遵循的战略方向提供依据。项目集经理和项目经理携手合作，通过交付组织期望或要求的效益来为组织提供支持。

项目集经理和项目经理之间的交互和关系可能会在项目集生命周期中发生变化。在项目集过程中，可多次启动并完成不同的项目。在项目的启动和计划阶段，项目集经理可能需要与项目经理密切合作，为项目集的需求提供监督、方向和引导。不过，在项目工作的执行和收尾阶段，项目集经理和项目经理之间的关系可能会有所不同。在这些阶段中，项目集经理通常侧重于协调对其项目集有所贡献的项目之间的相互依赖关系，而项目经理则侧重于管理项目内部的活动。项目集经理通常不会直接管理单个组件的日常工作。随着项目的推进，项目集经理与项目经理的交互将更多地关注识别和控制项目之间的相互依赖关系；监督项目绩效；解决影响组件项目的升级问题；跟踪项目、子项目集和项目集工作对项目集整体效益的贡献。在项目收尾阶段，项目集经理和项目经理将再次密切合作，确保项目输出和成果能够有效地转移到项目集，从而使项目交付的效益得以同化和维持。

项目集经理和项目经理也在问题和风险的管理上进行合作。项目集经理监督和处理可能影响项目集绩效或效益的问题和风险，它们无法在单个项目或子项目集级别上得到解决。项目经理通常专注于管理在某个给定项目中遇到的问题和风险。项目经理识别（可能）影响其他项目集组件的问题、风险和依赖关系，以确保它们能够被项目集经理认可。

项目集经理还确保项目集能够发现并利用在项目集组件中获得的新机会。

项目集和项目管理职能之间的交互往往是迭代和周期性的：

◆ 在项目集的定义阶段，关于项目集的预期效益、目标和战略的信息从项目集流向其组件项目；关于组件项目的战略、目标、需求、制约因素和时间的信息则流回项目集。

◆ 在项目集的交付阶段，关于进度、问题、风险、依赖关系、输出和组件项目成果的信息从组件项目流向项目集及其他组件。在此阶段，项目集管理职能与项目管理职能将进行定期沟通，以确保所有项目集组件的活动都能得到适当的协调，并与项目集向组织交付效益的目标完全保持一致。

◆ 在项目集的交付和收尾阶段，当组件项目关闭时，关于项目输出和成果的信息将从组件项目流向项目集，以确保项目效益得到充分的实现和维持。

项目集经理和项目经理之间要进行信息迭代交换并保持行动的一致，这就需要项目集和项目管理职能的密切配合。项目集经理可根据项目集及其组件的需要来影响项目经理管理组件项目的方法。

1.5　组织战略、项目集管理和运营管理之间的关系

组织通过项目集管理实现支持组织战略的复杂计划。在实践中，在执行上述计划时，项目集经理也会发现，他们的项目集会对承担运营职责的业务线产生影响。此外，项目集经理往往会发现项目集所带来的效益可能会影响组织经营活动的方式或范围，而项目集的交付成果将被传递到不同组织实体，以确保它们的效益交付是可维持的。因此，项目集经理必须与负责组织内部运营管理的人员建立相互协作、相互支持的关系。项目集经理和运营经理携手合作，负责确保组织战略目标的平衡和成功执行。

组织通过创建不同的战略业务计划达成成果，或者通过改变组织、产品或服务来满足对变更的需求。由项目集和项目组成的项目组合是交付这些计划的工具。关于利用项目集生成变更的更多信息，请参见《组织变革管理：实践指南》[6]。

1.6 商业价值

组织利用项目集管理提高自身交付效益的能力。在非商业性组织中，效益可通过社会或国家价值的形式交付（例如，健康改善、安全或安全保障）。在商业组织中，常见的形式是通过交付商业价值交付组织效益。商业价值可以定义为所有有形和无形商业要素的总和。例如，有形商业要素包括货币资产、生产设施、固定资产、股票、工具、市场份额和公共设施。无形商业要素包括商誉、品牌认知度、公共效益、商标、合规性、声誉、战略联盟和能力。商业价值也可以通过对正在进行的运营进行有效管理来实现。不过，有效利用项目组合、项目集和项目管理能使组织利用可靠、成熟的流程，有效地实现新的商业战略，从而产生新的商业价值，与面向未来的使命和愿景保持一致。

项目组合管理将确保组织的项目集、项目和运营与组织的战略保持一致。它使组织能定义将如何通过项目集和项目来实现其战略目标，以及这些项目集和项目将如何获得人力、财务、技术或材料资源的支持。在此过程中，项目组合管理将优化商业价值的实现。

项目集管理使组织能够通过协调项目、子项目集和其他与项目集相关的活动，更有效地实现其战略目标。项目集管理寻求优化相关的组件项目和项目集的管理，以促进商业价值的达成。

项目管理应用相关知识、流程、技能、工具和技术促进项目输出或成果的交付，使组织得以更有效、更高效地获得达成组织目标所需的输出和成果。项目管理旨在通过提高组织对新产品、新服务或成果的交付效率，实现商业价值的优化交付。

1.7 项目集经理的角色

项目集经理是由执行组织授权、领导团队实现项目集目标的人员。项目集经理对项目集的领导、实施和绩效负责，并负责组建一支能够实现项目集目标和预期项目集效益的项目集团队。项目集经理的角色与项目经理的角色不同。二者之间的差异基于项目和项目集之间的根本差异，以及项目管理和项目集管理之间的差异，如第1.2 节到第1.4 节所述。

对于项目集，人们普遍认为，交付效益的最佳方式（通过项目、子项目集和其他工作）可能并不确定。项目集组件产生的成果或输出可能无法预测也无法控制。因此，项目集的管理应认识到在项目集流程中调整战略和计划的潜在需求，从而优化效益的交付。项目集经理的主要角色是监控项目集组成部分活动的输出和成果，并确保项目集能够适当调整和适应它们。项目集经理应确保根据需要调整项目集组件，以满足组织的战略目标要求。

项目集经理还应负责管理或协调在项目集交付效益过程中可能出现的复杂问题。这些问题可能源自成果、运营、组织战略、资源分配、外部环境、组织治理系统或与项目集相关方的期望和动机有关的不确定因素。

在第 3 章到第 7 章中所述的绩效领域和支持项目集活动中，讨论了管理不确定性、应对复杂性和在项目集环境中实施变更所需要的原则、实践和项目集管理技巧，以优化项目集效益的交付。其中描述了促进相关方和指导委员会参与的框架和原则，以及管理项目集生命周期的进程。第8章针对促进项目集的效益交付，提供了有关支持项目集活动的建议。

一般地，项目集经理应该：

◆ 在五个项目集管理绩效领域内开展工作。

◆ 与项目经理和其他项目集经理进行交互，为支持项目集的各个计划提供支持和指导。

◆ 与项目组合经理进行交互，以确保提供适当的资源和优先级。

◆ 与治理机构、发起人及（适用时）项目集管理办公室合作，以确保项目集继续与组织战略和持续的组织支持保持一致。

◆ 与运营经理和相关方进行交互，以确保项目集能够获得适当的运营支持，并有效地维持项目集所带来的效益。

◆ 确保各项目集组件的重要性能够被认识和理解。

◆ 确保项目集整体结构和所应用的项目集管理流程能够使项目集及其组件的团队成功完成工作并交付预期的效益。

◆ 将项目集组件的可交付物、成果和效益整合到项目集的最终产品、服务或成果中，从而使项目集实现其预期的效益。

◆ 为项目集团队提供有效和适当的领导。

项目集经理的工作旨在确保项目、其他项目集和项目集活动以一致的方式组织和执行，并根据既定的标准完成。

1.7.1　项目集经理的能力

为了有效地管理项目集，项目集经理需要促进项目和其他项目集活动按照计划有效完成，同时调整项目集或组件的战略或计划，改善项目集预期效益的交付。要平衡这些需求，就需要项目集经理能够提供一个整体观点，说明项目集组件的输出和成果如何支持项目集组织效益的预期交付。

项目集经理所需要的专业知识很大程度上取决于管理项目集的成果或环境所涉及的复杂性、模糊性、不确定性和变更所需要的熟练程度。在不同类型的项目集中，所需要的技能可能有很大的差别，甚至在面临不同挑战时，类型相似的项目集之间也会存在差异。例如，所需的能力可能包括达成特定项目集目标成果所需的技能、特定项目集环境中的业务技能、对复杂运营挑战的管理至关重要的高级项目管理技能。通常，项目集经理需要具备以下技能和能力：

◆ **沟通技能。**沟通技能能够使项目集经理与不同的项目集相关方进行有效的信息交流，他们包括项目集团队成员、发起人、客户、卖方和高级管理人员，既包括个人，也包括小组或委员会。

◆ **促进相关方参与的技能。**促进相关方参与的技能，有助于支持管理复杂问题的需要，这些问题常常由相关方之间的交互引起。项目集经理应该认识到管理个人和小组期望的各个动态方面。

◆ **变更管理技能。**有效促使各相关方、治理与审查委员会参与的技能，以便在需要调整项目集战略或计划时达成协议和一致，并获得批准。作为组织的项目集审查和批准流程的一个环节，当项目集与多个委员会进行交互时，项目集经理应能提供相关方和委员会的整体观点。

◆ **领导技能。**在整个项目集生命周期中带领项目集团队的领导技能。项目集经理与各组件经理携手合作，往往还要与职能经理合作，以获得支持，解决冲突，并通过提供具体的工作指令为各项目集团队成员提供指导。

◆ **分析技能。**这些技能使项目集经理能够评估项目集组件的输出和成果是否有助于项目集效益的交付，或者评估外部事件对项目集战略或计划的潜在影响。

◆ **整合技能。**项目集经理应该具备整体描述和展示一个项目集的战略愿景与计划的技能。项目集经理的职责是确保项目集组件的计划与项目集的目标持续地保持一致，并符合实现组织效益的要求。

拥有知识和经验的熟练的项目集经理通常会比缺乏特定业务经验的项目集经理更有优势。然而，无论背景如何，成功的项目集经理都能有效地利用知识、经验和领导才能，使项目集的方法与组织战略保持一致，改善项目集效益的交付，加强与相关方及项目集指导委员会的合作，管理项目集生命周期。一般地，这要求项目集经理展示出特定的能力，其中包括：

◆ 以全面的、注重效益的视角，管理项目集细节。

◆ 有效利用项目组合管理、项目集管理和项目管理的原则、实践、流程、工具、技术的实际知识。

◆ 与项目集指导委员会和其他高管相关方进行无缝交互和协作。

◆ 与团队成员及其组织相关方建立有效的合作关系。

◆ 充分利用业务知识、技能和经验，针对项目集环境中的不确定性、模糊性和复杂性的理解和走向提供相关的支持观点。

◆ 使用强有力的沟通和谈判技巧，促进理解，达成共识。

在特定的项目集或组织环境中，展示这些能力可能面临独特的挑战。具有技术设计问题的复杂项目集可能需要具有工程或技术背景的项目集经理；涉及成百上千相互关联的活动的复杂项目集可能需要具有深厚背景和丰富项目管理经验的项目集经理。熟练的项目集经理了解自身的长处和弱点，能够组建一支与自身技能集互补的项目集管理团队。

鉴于项目集的复杂性和动态特性，项目集经理可来自项目管理领域，或者具有与自身项目集密切相关的技术学科背景。无论来自哪个领域，项目集经理通常都要寻求与项目集经理角色相关的关键能力的特定发展和培训机会，例如，通过项目管理协会的项目集管理专业人士 (PgMP)® 认证，或者通过研究生阶段的学习获得。

有关项目集管理能力的更多信息，请参阅《项目经理能力发展框架》第三版。

1.8 项目集发起人的角色

项目集发起人是指为项目集提供资源和支持，并负责为成功创造条件的个人或团体。项目集指导委员会可充当项目集发起人的角色。但项目集发起人通常由致力于确保该项目集得到适当支持并能够实现其预期效益的某个高管担任。在这方面，项目集发起人可以支持并帮助项目集经理促进相关方的参与。项目集发起人还可为项目集经理提供有价值的指导和支持，确保项目集得到适当的高层关注和考虑，便于项目集经理获知可能对项目集产生影响的组织变更。项目集发起人的治理和管理重点将在第5.1节和第6.2.1节深入讨论。

1.9 项目集管理办公室的角色

项目集管理办公室是对与项目集相关的治理流程进行标准化，并促进资源、方法论、工具和技术共享的一个管理机构。项目集管理办公室通常还支持培训和其他组织变更管理活动。项目集管理办公室作为一个项目集的组成部分而建立，为该项目集提供特定的支持，也可独立于单个项目集，对组织的一个或多个项目集提供支持（详见第5.1节和第6.2.3节）。作为项目集的组成部分建立时，项目集管理办公室是项目集基础设施的重要组成部分，并对项目集经理提供帮助。它可以支持项目集经理管理多个项目与项目集活动，例如：

◆ 定义要遵循的标准项目集管理流程和程序；

◆ 提供培训，以确保标准和实践得到充分理解；

◆ 支持项目集的沟通；

◆ 支持项目集层面的变更管理活动；

◆ 进行项目集绩效分析；

◆ 支持项目集进度和预算的管理；

◆ 定义项目集及其组件的一般质量标准；

◆ 支持有效的资源管理；

◆ 为向领导层和项目集指导委员会报告而提供支持；

◆ 支持文件和知识传递；

◆ 为管理变更，跟踪风险、问题与决策提供集中支持。

此外，对于大型或复杂的项目集，项目集管理办公室还可针对人力资源和其他资源、合同和采购，以及法律或立法问题提供其他管理支持。

一些项目集会持续数年，并承担与大型组织的运营管理相重叠的许多日常运营方面的工作。项目集管理办公室可能承担其中的部分职责。项目集管理办公室关注治理与管理的特定角色将在第 6章和第 8 章中深入说明。

有些组织选择不正式定义项目集管理办公室。在这种情况下，项目集管理办公室的管理职能通常由委任的项目集经理承担。

2

项目集管理绩效领域

项目集管理绩效领域是对活动或职能相关领域的补充分组，这些活动或职能在项目集管理工作的整个范围内，专门描述和区分一个绩效领域中的活动。

本章内容包括：

2.1 项目集管理绩效领域的定义

2.2 项目集管理绩效领域的交互

2.3 组织战略、项目组合管理和项目集管理的联系

2.4 项目组合和项目集的区别

2.5 项目集和项目的区别

在项目集管理的各个阶段，项目集经理将在不同的项目集管理绩效领域积极开展工作。

项目集管理绩效领域(见图2-1)包括：项目集战略一致性、项目集效益管理、项目集相关方参与、项目集治理和项目集生命周期管理。

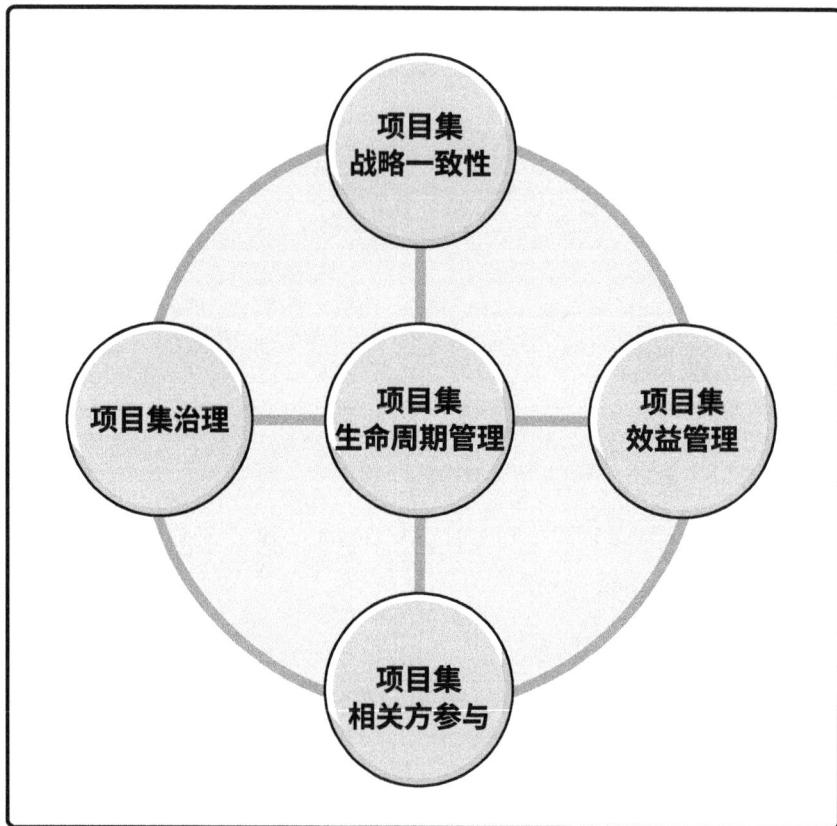

图 2-1　项目集管理绩效领域

2.1　项目集管理绩效领域的定义

组织启动项目集以交付效益，并达成约定的目标，这些目标往往会对整个组织产生影响。实施项目集的组织考虑并平衡各组件间的不同需求、变更、相关方期望、要求、资源和时间冲突。项目集在整个持续期间都要引入变更。这种变更可体现在新产品、服务或组织能力的引入。可在各种业务流程（例如，流程需要提供一项新服务或改进的服务）中，通过项目集经理在五个项目集管理绩效领域中实施的行动、指导和领导力来引入变更。这些绩效领域对于项目集的成功都是至关重要的。项目集管理绩效领域的定义如下：

- ◆ **"项目集战略一致性"**——识别项目集输出和成果，以便与组织的目标和目的保持一致的绩效领域。

- ◆ **"项目集效益管理"**——定义、创建、最大化和交付项目集所提供的效益的绩效领域。

- ◆ **"项目集相关方参与"**——识别和分析相关方需求，管理期望和沟通，以促进相关方支持的绩效领域。

- ◆ **"项目集治理"**——促进和执行项目集决策，为支持项目集而制定实践，并维护项目集监督的绩效领域。

- ◆ **"项目集生命周期管理"**——为促进有效的项目集定义、项目集交付和项目集收尾，从而管理所需项目集活动的绩效领域。

这些绩效领域在项目集持续期间同时存在。项目集经理和项目集团队就在这些领域中开展各自的工作。正在实施的项目集的性质和复杂性决定了某个特定领域在特定时间点所需的活跃程度。在项目集的整个过程中，每个项目集都需要在这些绩效领域中进行一些活动。这些领域中的工作在本质上是迭代的，并且经常重复。本标准将在相应章节中详细描述各个绩效领域。

2.2 项目集管理绩效领域的交互

如前所述及图 2-1 所示，在整个项目集过程期间，五个项目集管理绩效领域都将彼此交互。交互的程度及何时发生交互，将取决于项目集及其组件。任何给定项目集的交互数量因项目集不同而不同。当组织实施相似的项目集时，绩效领域之间的交互也是相似的，并且往往是重复的。五个绩效领域彼此之间也有不同程度的交互。在项目集实施中，项目集经理要在这些领域中投入时间。这五个绩效领域反映了更高级别的业务职能，而这些职能对于项目集经理的角色都是必不可少的，无论组织规模、行业或业务重点和/或地理位置为何，均不例外。

2.3　组织战略、项目组合管理和项目集管理的联系

通常，在组织战略规划工作中，项目集会找到起点，在此过程中，组织的全部投资会被评估、优先级排序，并与组织的运营战略保持一致。随着业务环境或组织战略的改变，组织通过项目组合审查来继续评估工作，加强符合预期效益和组织目标的项目组合的组件，停止与组织目标不一致的计划。在项目组合审查过程中，提出并分析可能有助于组织整体进步和成功的新计划，并为新项目、项目组合的组件和项目集创造起点。

在组织的项目组合审查过程中，将对项目集进行评估，以确保其继续支持该组织的战略和目标，并按预期执行。一般地，项目集需通过审查，以确保其商业论证、章程和效益管理计划能够反映当前情况以及最适合预期结果的情况。某个概念可能会在有限的时间内，以有限的资金获得批准，以便为进一步评估制定商业论证。然后在项目组合审查过程中对商业论证进行审查。该审查工作在项目集生命周期的项目集构建子阶段进行。在实际项目集获得批准后，将正式批准和分配资金，并指派项目集经理。在项目集交付阶段，启动、计划、执行、移交和收尾项目集各组件，同时在此阶段交付、移交并维持效益，随着项目集效益的持续交付，项目集的各个项目和子项目集可能开始与结束。当达到预期效益或出现收尾原因时，项目集将收尾。当项目集要实现的效益和目标不再与组织战略保持一致时，或者当项目集关键绩效指标的测量显示，项目集的商业论证不再可行时，则项目集可能会收尾。

2.4　项目组合和项目集的区别

虽然项目组合和项目集都是一系列项目、活动和非项目工作的集合，但在某些方面可以清楚地区分它们，从而有助于阐明二者之间的差异。正如第1章所定义的，项目集是一组相互关联且被协调管理的项目、其他项目集和项目集活动，以便获得分别管理所无法获得的效益。为阐明这些重要的组织概念之间的区别，在两个方面需要突出说明：关联性和时间。

◆ **关联性**。区分项目集和项目组合的主要因素是，在项目集定义中通过"关联"一词而引入和意指的概念。在项目集中，各项工作是相互依赖的，因此，实现全部预期效益取决于项目集范围内所有组件的交付。在项目组合中，各项工作与项目组合负责人选择的方式相关。在项目组合中，典型的工作分组包括：来自同一个资源池的人员的工作、交付给同一个客户的工作或同一会计期间内进行的工作。其他工作分组也是有效的，例如，在相同地理区域或相同战略业务部门所执行的工作。项目组合所包含的工作可能涉及各种不同的计划，并且这些计划可以是独立的。尽管这些计划可能完全独立，并且不会以任何方式相互关联，但是，为便于监督和控制，组织可以对它们进行分组和管理。

◆ **时间**。将项目组合与项目集区别开来的另一个属性是时间要素。和项目一样，项目集是临时的，其所包含的时间概念是工作的一个方面。尽管项目集可能跨越数年或数十年，但其特征是，存在一个明确定义的起点、一个未来的终点，以及在项目集实施过程中将要实现的一系列成果和预期效益。而另一方面，为了制定决策而进行定期审查的项目组合并不会被限制在特定日期内结束。在项目组合中定义的各种计划和工作要素通常不会直接相互关联，也不依赖彼此以实现效益。在项目组合中，组织的战略计划和商业周期决定了特定投资的开始或结束，这些投资可能会广泛地用于实现不同的目标。此外，项目组合中的工作和投资可能会持续数年或数十年，也可能随着业务环境的变化而被组织改变或终止。最后，项目组合包含各种计划的建议书，其中就包括项目集和项目，它们应经过评估，与组织战略目标一致才会被批准。组织的项目组合可能存在时间长度并不确定的建议书。

总之，项目集与项目组合在两个重要方面有所不同。项目集包括的工作（项目、子项目集和项目集活动）以某种方式相互关联，并共同促成项目成果和预期效益的实现。项目集还包括时间概念，纳入了进度计划，通过它来衡量特定里程碑的成就。项目组合并不要求其中的工作相互关联，在持续管理中，计划（项目集和项目）会被引入项目组合，随后被完成。项目组合为组织有效管理一组投资和工作提供了一种手段，这对于组织战略目标的实现是非常重要的。

2.5 项目集和项目的区别

如第1章所述，项目集管理为组织提供了一个有效的框架，用于管理相互关联的工作分组（如项目、子项目集和项目集活动），旨在获得通过单独管理这些工作而无法产生的效益。项目集通常规模庞大、复杂度高、历时较长，并且在其定义中接受不确定性。本章将进一步讨论区分项目集和项目的三个特征。这些根本区别在于项目集和项目管理应对不确定性、变更和复杂性的不同方式。

2.5.1 不确定性

不确定性对于项目集管理是一个不可避免的挑战。由于成果尚不清晰，在项目集开始时，不确定性尤其高。项目集和项目二者都存在于组织环境中，在这种环境下，工作的输出、效益或成果可能有些不可预测或不确定。外部环境的变化也会产生不确定性，这就增加了管理项目集的不确定性。然而，在组织环境下，单个项目可能比项目集更为确定。

通常来说，项目最初的预期输出比项目集的预期输出更为确定。这可归因于项目的固定限制。随着项目的进展，能够按时、按预算、按规范要求交付这些输出就变得更加确定，这是在项目实施过程中为了消除不确定性而渐进明细的结果。相比之下，项目集在刚开始准备时可能并没有完整的范围、预算或时间表。这反过来也可以通过项目集处理不确定性的能力来解决，因为项目集可以变更项目方向、取消项目，或者启动新的项目以适应不断变化的环境。这种能力也会给项目集的方向和成果带来不确定性。在项目集中，对范围和内容不断进行细化、阐明和调整，以便确保项目集的成果与预期效益保持一致。这导致项目集环境在最初是不确定的，要有效地解决这个问题，就需要采用一种能够包容不确定性的管理风格。项目集可能包括能满足所有成功标准的各个组件，以按计划精确地提供输出、产品或服务。然而，在项目集成果和预期效益背景下，这些单独的组件可能并不会对预期成果做出任何贡献。这就给项目集可能实现的成果带来了额外的不确定性。

项目集的重点是实现效益以及由多个组件协作产生预期成果。项目集的复杂性和持续时间要求项目集经理以全面的、整体的视角看待所有项目集的组件，透彻理解和成功管理各组件的进展和贡献。这使得项目集管理方法和项目管理方法有所不同，也说明了这两种管理方法在项目集中同时存在的必要性。

2.5.2 管理变更

项目集经理需要考虑两种不同的变更类型。它们被称为内部变更和外部变更。内部变更是指项目集内部的变更。外部变更是指需要调整组织，使其能够利用项目集产生的效益。

在项目集和项目中解决有关变更的问题，应采用不同的方法。项目需处理范围、时间、成本和质量的变更。与处理不确定性相同，项目集也应妥善处理变更，因为它们有能力变更各组件的方向，取消某个组件，或者启动一个新的组件。在项目集和项目中都应该有一个合理的理由，来证明建议的变更所带来的优点将超过潜在的缺点。项目内的变更会在战术层面影响已定义的可交付成果，而项目集内的变更会在战略层面影响预期效益的交付。项目集的变更管理需要对项目集目标和预期效益具备战略洞察力及理解能力。项目集中任何组成部分的变更可能会对其他相关组件的交付产生直接影响，因而有必要对这些特定组件进行变更。项目的变更通常是局部的，涉及战术层面。

在项目集中，变更管理是一项关键活动，它使相关方能够仔细分析建议变更的需求、变更的影响，以及实施与沟通变更的方法或流程。变更管理计划是项目集管理计划的一部分，在项目集准备期间制订，并建立了变更管理机构。

◆ **项目集变更**。项目集经理在项目集层面以一种截然不同的方式实施变更。项目集经理依赖于一个预先确定的、与项目集各组件一致的绩效水平。对于作为项目集组件的项目，项目集经理有理由希望它们按时、按预算、按范围、以可接受的质量水平交付。对于其他项目集和项目集活动，项目集经理应要求它们的实施对项目集成果和预期效益做出积极贡献，或者减少消极后果。与项目一样，项目集组件利用变更管理来理解和控制各自的进度、成本和输出的可变性。此外，项目集经理还可以创建新的组件或取消现有的组件。这种变更是为了确保优化效益的交付。

◆ **项目变更**。项目的变更管理是用来帮助项目经理、团队和相关方监督和控制与计划成本和进度计划的偏差量，同时保护批准的计划输出的属性和特征。如果需要通过变更来影响范围（包括可交付成果）、成本、进度计划、质量或预期成果，那么就要提出项目变更请求，对项目的范围、进度计划、成本或预期输出（可交付成果）进行修改。如果请求被接受，那么变更将被合并到项目的结构中，并且成本、进度和属性也将被调整以适应变更的所有方面。然后，项目被重新规划，更新后的成本、进度计划和可交付成果的规范将成为项目的新基准。项目变更请求一旦完成并被接受，就要实施变更管理以确保项目与新基准保持一致。项目还利用变更管理来管理项目完成过程中所触发的已知风险（预期事件）和未知风险（意外事件）所造成的偏差的影响。

考虑到项目集各组件的持续交付，项目集经理应解决项目集整体成果的不确定性，并预计到某些项目集组件将会成功交付，但也会产生完全意想不到的结果，这些结果对项目集的预期效益可能有积极贡献，也可能没有。为解决项目集与生俱来的不确定性，项目集经理可将各组件分组到其他项目集中，以便对它们进行更有效的管理。此外，如果认识到在不断变化的环境中，某项工作无法帮助实现预期的项目集效益，则项目集经理可完全重定向、重新规划或停止它。这种情况发生时，项目集经理将使用变更管理在项目集层面重定向和修改项目集的路线图，以确保其与要交付的预期效益、新战略、社会、监管或经济状况，或者项目集受益人看法保持一致。

项目集以富有前瞻性的主动方式使用变更管理，以适应不断变化的环境。这是一个迭代过程，在项目集执行过程中频繁重复，以确保项目集在开始时就能交付预期效益。

总之，项目使用变更和变更管理来制约或控制变化性对基线的影响，而项目集则主动使用变更管理，以使得项目集组件和预期效益与组织战略的变更和所在实施环境的变化保持一致。

2.5.3 复杂性

项目集和项目都与复杂性相关。项目集和项目复杂性的来源可分为人类行为、系统行为和模糊性（见《项目复杂性管理：实践指南》）。导致项目集和项目复杂性的因素分为以下两组。

◆ **项目集复杂性**。项目集复杂性可能来自一系列因素的组合。

- *治理复杂性*。治理复杂性来自发起人对项目集的支持，以及相关组件发起人、管理结构、涉及的组织数量及项目集的决策流程的支持。

- *相关方复杂性*。相关方复杂性来自相关方的需求和影响力的差异，它可能是项目集的负担，也可能与项目集的效益相冲突。相关方复杂性也集中体现在项目集团队自身和项目集团队的多元化上。相关方复杂性还与对项目集有兴趣的相关方的数量有关。

- *定义复杂性*。项目集将带来变更，定义的复杂性注重相关方对未来状态达成的协议。项目集经理应该认识到一些其他方面，包括效益管理和相关方潜在的利益冲突。

- *效益交付复杂性*。效益交付复杂性注重效益管理，如第 4 章所述。

- *相互依赖关系复杂性*。项目集经理需要处理相互依赖关系复杂性。项目集关注各组件之间的相互依赖关系，而不必关注单个项目中的问题。项目集强调和加强各组件之间的相互依赖关系，以确保项目集的总体成果能够交付预期的效益。应明确定义各组件和其他业务实体之间的相互依赖关系。项目集经理关注项目集及其相关项目之间的相互依赖关系。在与其他项目或项目集存在依赖关系，以及与组织外部存在依赖关系时，项目集的外部也会发生相互依赖关系。相互依赖关系与项目集的复杂性直接相关。

- *资源复杂性。*能力与潜力、充足的资金、适当的供应与材料等资源是否能够满足项目集的需求水平，这些资源问题增加了项目集的复杂性，需要在项目集中得到解决。

- *范围复杂性。*范围复杂性来自难以清晰定义项目集及其组件的可交付成果和效益。在项目集组件的生命周期之外管理相关效益的交付会带来范围复杂性。

- *变更复杂性。*变更复杂性来自不同层面的影响，可能会在组织中引发变革。当项目集改变一两个部门的基本操作流程模式时，变更的复杂性很低，但是当项目集让组织从一个职能化组织转型为一个项目化的组织时，变更就会极为复杂。

- *风险复杂性。*风险复杂性来自高度的不确定性，而这种不确定性是由延长的项目集生命周期和各组件成果及其相互依赖关系的不确定性造成的。

◆ **项目复杂性。**项目之所以复杂，是因为它所呈现的独特性，以及解决问题或完成任务所需要的思维方式、行动和知识。这种独特性造成了时间、成本估算，以及交付预期项目输出和成果所需规范的不确定性。项目复杂性可表现为组织复杂性或动态复杂性。

- *组织复杂性。*组织复杂性关注组织结构的深度和组织单位的数量。它还涉及各要素的数量和类型以及它们在组织中的关系。

- *动态复杂性。*动态复杂性关注项目的行为及其如何随时间发生变化。

3

项目集战略一致性

项目集战略一致性是识别项目集输出和成果，以便与组织的目标和目的保持一致的绩效领域。

本章内容包括：

3.1　项目集商业论证

3.2　项目集章程

3.3　项目集路线图

3.4　环境评估

3.5　项目集风险管理战略

项目集应与组织战略保持一致，并促进组织效益的实现。为此，项目集经理需要彻底了解项目集如何实现项目组合和组织的战略、目标与目的，以及为了与组织的长期目标保持一致，项目集所需要的技能。

组织在制定其战略时，通常会有一个初步评估和遴选过程，它们可能是正式的，也可能是非正式的，目的是帮助组织决定批准、拒绝或推迟哪些计划，而这些计划都是项目组合管理实践的组成部分。

组织在项目集管理和项目管理方面越成熟，就越有可能拥有正式的项目集遴选过程，例如项目组合审查委员会或项目集指导委员会。决策机构还可以颁布项目集章程，定义战略目标和特定项目集预计交付的效益。项目集章程是由发起人颁布的一份文件，它授权项目集管理团队使用组织资源执行项目集，并将项目集与组织战略目标联系起来。它定义建议的项目集范围与目的，被呈交给治理部门以获得批准、资金和授权。项目集章程确认组织资源的承诺，以确定项目集是实现这些目标的最合适的方法，并触发项目集定义阶段。

项目经理领导和指导项目工作，项目集经理的职责则是确保项目管理计划与项目集的目标和预期效益保持一致，以便支持组织的战略目的和目标的达成。

图 3-1 所示为项目集战略一致性要素。

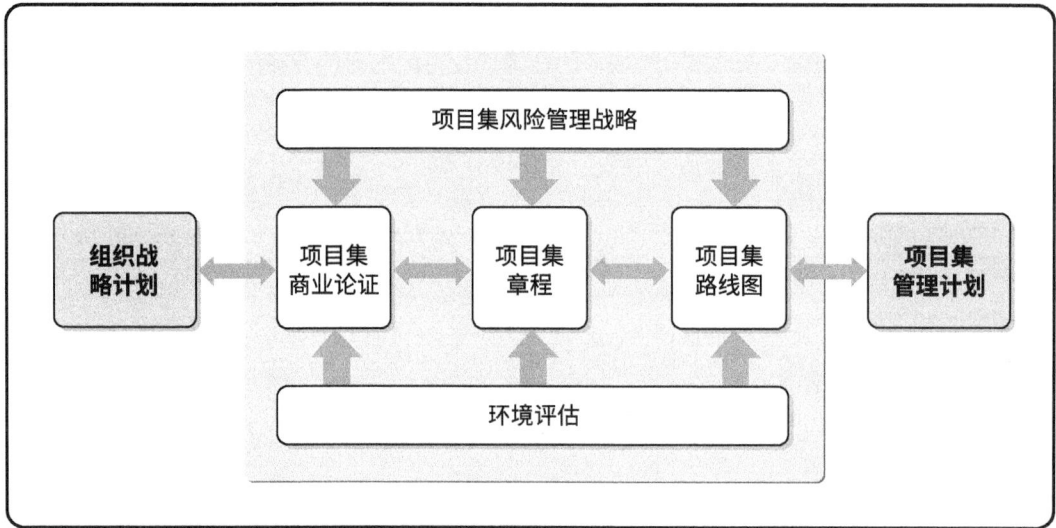

图 3-1　项目集战略一致性要素

项目集战略一致性从项目集商业论证开始。项目集商业论证是一份经济可行性研究书面文件，用来验证项目集所交付的效益；通过定义项目集的预期成果如何支持组织的战略目的与目标，来证明项目集存在的必要性。经济可行性研究书面文件被用于验证项目集所带来的效益，商业论证则作为项目集章程和后续的项目集路线图的输入被进一步使用。这三份文件将作为项目集构建活动的组成部分（见第7.1.2.1节）。

在项目集构建子阶段，项目集战略一致性流程启动，并持续运行到项目集生命周期结束。在这个阶段，将在项目集治理框架内，执行并控制管理流程，以识别与量化环境因素、成果、效益，以及识别与管理项目集风险。当发现存在不一致时，则应对项目集管理计划或组织的战略目的和目标进行修订，以确保一致性。在研究中可能发生上述情况，其中，项目集的成果决定了给定研究不太可能成功，然后组织将变更战略（有时在不取消或不中断项目集的情况下），以更好地利用项目集成果。

3.1 项目集商业论证

组织通过建立战略来定义如何实现其愿景。战略计划周期的完成将导致组织战略目的和目标的创建或更新，它们将被记录在组织战略计划的书面文件中。组织的愿景和使命将作为战略规划周期的输入，并反映在整个战略计划中。组织战略计划被划分为一系列组织计划，这些计划在一定程度上受到市场动态、客户与合作伙伴的要求、股东、政府、法规、组织的优势与劣势、风险敞口，以及竞争对手的计划和行动的影响。这些计划可能被分组纳入项目组合，以便在预定的时间内执行。

根据项目集是否支持与组织战略计划保持一致及是否支持其达成，对项目集进行正式评估、遴选和授权，这些工作通常都是组织治理实践的组成部分。为了促进一致性和目标设定，组织战略计划被进一步描述为一组目的和目标，这些目的和目标可以拥有可测量的要素，如产品、可交付成果、效益、成本和时间等。将项目集与组织战略计划联系起来的目标是规划和管理项目集，使其帮助组织实现其战略目的和目标，平衡资源的使用，实现价值最大化。这点要通过商业论证来实现。在项目集定义阶段，项目集经理与关键发起人和相关方合作，进行项目集的商业论证。这种商业论证旨在针对预期效益来评估项目集的投资。商业论证可以是基本和高层级的，也可以是详细和全面的。它通常会描述可用于评估预期项目集目标和制约因素的关键参数。

商业论证可包括：项目集成果的细节、批准的概念、问题、高层级的风险和机会评估、关键假设、商业和运营影响、成本效益分析、替代方案、财务分析、内在和外在效益、市场需求或障碍、潜在的利润、社会需求、环境影响、法律影响、上市时间、制约因素和项目集与组织战略计划的一致程度。商业论证描述了项目集动因背后的意图和职权，以及基础的商业需求理念。商业论证也作为项目集预期交付价值的正式声明，以证明为交付价值所耗费资源的合理性。

商业论证是项目集被正式许可前必须提供的可交付成果文档，它可作为投资决策的主要文档依据。此外，商业论证还描述了成功标准，该标准适用于整个项目集的实施过程。通过计算已达成成果与预期成果之间的偏差，来衡量项目集的成功与否。

3.2　项目集章程

商业论证批准后，项目集指导委员会（见第5.1节）将通过批准项目集章程的形式批准项目集。项目集章程是源自商业论证的一个文档，它指定并授权项目集经理，定义项目集的范围和目的，呈交给治理机构以获得批准、资金和授权。

项目集章程的关键要素包括项目集范围、假设、制约因素、高层级风险、高层级效益、目的和目标、成功因素、时间、重要相关方，以及将项目集与商业论证联系在一起的其他条款，从而实现项目集战略一致性。（有关项目集章程的更多信息参见第 7.1.2.1 节。）

项目集章程正式表述了组织的愿景、使命和项目集将产生的预期效益；它还明确了项目集特定的目的和目标符合组织战略计划，并支持商业论证。除了规定项目集实施过程中的项目集组件管理与监督框架，项目集章程还授权项目集经理领导其他将启动的子项目集、项目与相关活动。项目集章程是可交付成果中的一个文档，将被用来衡量项目集的成功与否。它应包括对成功的衡量指标、测量方法，以及对成功的明确定义。

3.3　项目集路线图

在规划项目集时，项目集经理要分析关于组织的战略目的和目标的现有信息、内部和外部影响、项目集动因，以及相关方期望项目集实现的效益。项目集在以下方面做出定义：预期成果、所需资源，以及在整个组织中实施新能力所需的变更战略。

项目集路线图（见图3-2）按时间顺序展现项目集的预期方向，以图形方式描述主要里程碑与决策点之间的依赖关系，它反映了商业战略与项目集工作之间的联系。

项目集路线图要素类似于项目进度计划，路线图列出主要项目集事件，旨在规划和制订更多详细的进度计划。项目集路线图还反映了实现效益的速度，并将作为移交和整合新能力的基础。

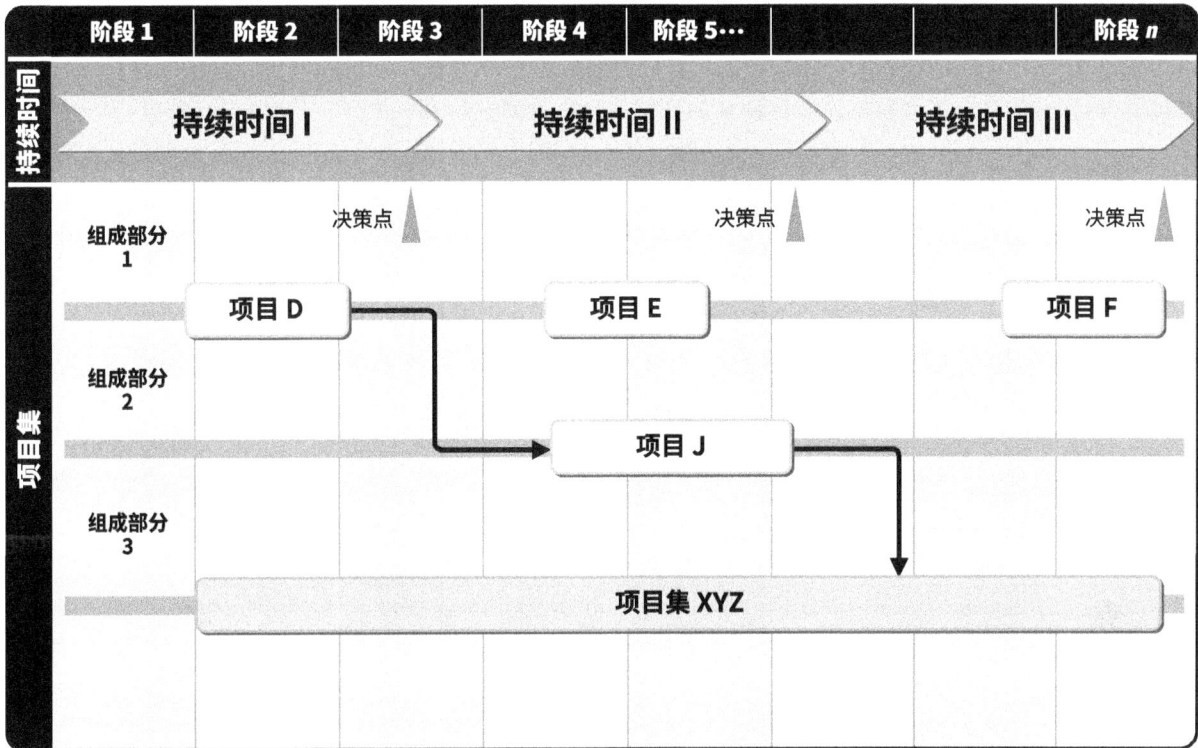

图 3-2　项目集路线图

项目集路线图可以是管理项目集组织的一个有价值的工具，用于评估项目集达成其预期效益的进度。为了更好地实现项目集的有效治理，项目集路线图可以用来说明各主要阶段或里程碑的效益交付；不过，它也可包括项目集组件的详细信息、持续时间及对效益的贡献。例如，在大型施工项目集中，路线图会展示从施工开始直到最终效益实现的各个阶段。在系统开发和生产项目集中，项目集路线图可能描述如何通过增量发布或一系列模型来交付效益（如系统功能）。路线图是一种有效的方式，用于与相关方沟通总体计划和效益，以建立并维系支持。

3.4 环境评估

项目集受到的内外部影响往往会对项目集的成功产生重大影响。项目集受到的外部影响可能来自大型组织内部，也可能来自组织外部。项目集经理应该识别这些影响，并在项目集管理中考虑它们，以确保与相关方始终保持一致，与组织的战略目的和目标始终保持一致，从而确保项目集的整体成功。

3.4.1 事业环境因素

项目集外部的事业环境因素会影响项目集的遴选、设计、资金与管理。事业环境因素是指项目团队不能立即控制的，将对项目集产生影响、限制或指导作用的各种条件。项目集应当根据其对组织战略目的和目标的支持程度进行遴选和优先级排序。不过，为了应对环境因素，战略目标会发生变更。发生这种情况时，组织方向的变化可能导致项目集偏离经过修订的组织战略计划。在这种情况下，无论执行情况如何，项目集都可能变更、搁置或取消。

环境因素可能包括但不限于：

- 商业环境。
- 市场。
- 资金。
- 资源。
- 行业。
- 健康、安全和环境。
- 经济。
- 文化多样性。
- 地理多样性。
- 监管。
- 立法。
- 增长。
- 供应基地。
- 科技。
- 政治影响。

◆ 审计。

◆ 新的业务流程、标准和实践。

◆ 发现和发明。

对这些因素及其相关的不确定性或变更的考虑，将有助于组织的持续评估与发展，以及项目集与组织目标的一致性。项目集的持续管理应包括持续监督环境因素，以确保项目集始终与组织战略目标保持一致。

3.4.2 环境分析

下面的几节简要概括了各种形式的分析，它们可用于评估项目集商业论证和项目集管理计划的有效性。对一个或多个环境分析结果的考虑，能够使项目集经理强调可能影响项目集的因素，并通知风险管理部门。第3.4.2.1节至第3.4.2.5节是有代表性的环境分析示例，可由项目集经理实施或委托实施。这些活动并无意做到全面详尽或包罗万象。

3.4.2.1 比较优势分析

在进行战略计划和/或商业论证的环境分析时，考虑组织内外部的竞争性工作是至关重要的。典型的商业论证包括分析和比较真实的或假想的替代方案。适当情况下，比较优势分析可能还包括"假设情况"分析，以说明项目集的目标和预期效益可以通过其他手段来实现。

3.4.2.2 可行性研究

以商业论证、组织目标和其他现有计划作为基础,在组织的财务、资源分配、复杂性和制约因素的情况下评估项目集的可行性。这种分析提供的信息是决策者批准或拒绝项目集建议书所必不可少的。

3.4.2.3 SWOT 分析

针对项目集所面临的优势、劣势、机会与威胁 (SWOT) 所进行的分析,将为优化项目集章程和项目集管理计划提供相关信息。SWOT 分析,特别是对劣势和威胁的分析,将为项目集风险管理战略的制定提供有价值的输入。SWOT 分析也可以作为可行性研究,以及商业论证的组成部分。

3.4.2.4 假设分析

假设是出于规划目的而被认为是正确的、真实的或确定的因素。假设最初在商业论证中确定,它影响到项目集的各个方面,是项目集渐进明细的组成部分。项目集经理应定期识别和记录假设,并将其作为他们规划过程中的组成部分。此外,应在项目集实施过程中验证假设,以确保假设不会因事件或其他项目集活动而变得无效。

3.4.2.5 历史信息分析

以前完成的项目集和未完成项目集的已完成阶段都可以是新项目集的经验教训和良好实践的来源(见第8.2.4.1节)。历史信息包括以前的项目集、项目和可能与当前项目集相关的持续运营的人为要素、指标、风险和估算。在项目集定义阶段,历史信息描述的成功、失败和经验教训尤为重要。

3.5 项目集风险管理战略

项目集路线图的成功交付、与组织战略的一致性、在环境评估中发现的环境因素都依赖于定义良好的项目集风险战略。

第8章详述了项目集风险管理活动，本章将讨论特定的项目集风险管理战略，它们驱动项目集风险管理活动（积极识别、监督、分析、接受、减轻、规避或退役项目集风险），以确保项目集与组织战略保持一致。

3.5.1 战略一致性的风险管理

战略一致性包括项目集路线图及其支持目标与组织战略的一致性。这就需要有一个项目集风险管理战略，以确保对任何可能导致项目集偏离组织战略的风险进行有效管理。这种风险管理战略包括定义项目集风险临界值；执行初步项目集风险评估；制定高层级项目集风险应对战略；确定将如何与组织战略层沟通风险。战略一致性要求项目集风险临界值考虑包括风险偏好在内的组织战略，这是对组织的风险接受度与风险应对的意愿的评估（见第8.1.1.7节）。

3.5.2 项目集风险临界值

风险临界值是一种项目集目标的可接受差异水平的度量，它反映了组织和项目集相关方的风险偏好。

如前所述，项目集风险战略的一个关键要素就是建立和监督项目集风险临界值。项目集风险临界值示例包括：

◆ 记录风险登记册中某风险的风险敞口的最低水平。

◆ 定性（高、中、低等）或定量（数值）风险等级的定义。

◆ 项目集可以管理的风险敞口的最高水平（如果超出该敞口将会触发升级）。

建立项目集风险临界值是将项目集风险管理与战略一致性相联系所不可或缺的一步，因此应该将其作为早期规划的一部分来进行。基于组织的风险偏好、项目集治理、与公司治理合作，项目集管理团队也可以负责该工作——确保在项目集中建立并观察项目集风险临界值（见第6.1.6节）。

3.5.3 项目集风险初步评估

项目集风险管理贯穿于整个项目集生命周期，在项目集定义阶段进行的项目集风险初步评估为识别组织战略一致性风险提供了一个独特的机会。在制定项目集路线图和审查环境因素时，就要考虑相关风险。因此，至关重要的是，在项目集风险初步评估中就要识别战略一致性风险，其中包括但不限于任何不确定的事件或条件，它们的发生可能导致：

◆ 项目集目标不支持组织的目标；

◆ 项目集路线图与组织路线图不一致；

◆ 项目集路线图不支持项目组合路线图；

◆ 项目集目标不支持项目组合目标；

◆ 项目集资源需求与组织的能力和容量水平不匹配。

在进行项目集风险初步评估后，应制定风险应对战略，以完成项目集风险管理战略。

3.5.4 项目集风险应对战略

项目集风险应对战略将风险临界值和风险初步评估要素纳入计划，根据该计划，项目集在整个生命周期中都能持续进行有效的风险管理。对于每种被识别的风险，风险临界值都可用于根据一系列评级标准来确定特定的应对战略。例如，对于一个可以接受5%的进度偏差的组织：

◆ 风险临界值——进度计划延迟 5%；

◆ 风险评级——无重大风险；

◆ 应对战略——接受。

可靠的项目集风险管理战略针对每种风险等级制定特定的风险应对战略，这些风险等级反映了项目集的风险临界值。

建立项目集风险管理战略后，它将成为项目集整合（见第7.2.2节）与支持活动（见第8章）的组成部分，在项目集的整个实施过程中驱动一致性和有效性的提高。此外，建立的项目集风险管理战略将作为治理的组成部分（见第6.1.6节），使项目集风险的沟通和管理贯穿于整个项目集执行过程。

因此，项目集战略一致性是在项目集定义阶段启动的项目集绩效领域，伴随着商业论证、项目集章程和项目集路线图的制定，得到了来自环境评估与项目集风险管理战略的输入的支持。这种产生于项目集管理计划制订过程中的上游工作成果应与组织的目的和目标保持一致。

4

项目集效益管理

项目集效益管理是定义、创建、最大化和交付项目集所提供的效益的绩效领域。

本章内容包括：

4.1 效益识别

4.2 效益分析和规划

4.3 效益交付

4.4 效益移交

4.5 效益维持

项目集效益管理包括一系列对项目集的成功极为重要的要素。项目集效益管理包括阐明项目集的计划效益和预期成果的过程，以及监督项目集实现上述效益和成果的过程。

项目集效益管理的目的是，使项目集相关方（项目集发起人、项目集经理、项目经理、项目集团队、项目集指导委员会等）关注于项目集实施期间从事的各种活动所提供的成果和效益。为此，项目集经理将通过实施项目集效益管理来持续实现以下目标：

◆ 识别和评估项目集效益的价值和影响；

◆ 监督项目集各组件所交付的输出之间的相互依赖关系，以及这些输出对项目集效益的整体贡献；

◆ 分析已规划的项目集变更对预期效益和成果产生的潜在影响；

◆ 使预期效益与组织目的和目标保持一致；

◆ 针对实现项目集效益落实职责和最终责任，并确保效益可维持。

作为项目集交付成果的结果，效益是由组织和其他相关方所实现的收益和资产。有些效益相对确定，容易量化，可能包括具体或有限的条件，如实现一个组织财务目标（例如，收入或毛利率增长 20%），或者创建一个实体产品，或者供消费或使用的服务。有些效益则可能不容易量化，会产生不够确定的成果。不够确定的项目集成果的例子可包括提高员工士气或客户满意度，还可包括降低不良健康状况或疾病发生率。

项目集可定义和产生不同类型的效益。有些效益，如扩大市场份额、改善财务绩效或运营效率，可能由发起组织实现，而其他项目集成果可能由组织的客户或项目集的预期受益人实现。项目集也可因监管变化要求而发起。项目集通过监管合规实现的效益可能更加难以识别。这些效益可能限于合规，避免罚款和避免负面宣传。

客户和受益人可能在执行组织的运营或职能领域中，也可以是执行组织外部的客户和受益人，如特定群体的当事人、业务部门、行业、特定群体或普通人群。

效益通常在预期受益人环境下定义，并且可能被多个相关方共享。作为项目集的成果，组织的客户或项目集的预期受益人可能得到某种程度上的改善，而执行组织也可得益于获得的新的能力或改进的能力，从而一如既往地交付产品、服务或能力，并维持其效益。

其他组织、相关方和预期受益人可能认识不到来自项目集的效益，也可能受到负面影响，如缩减人员，或者合并职位或组织。尽可能降低负面影响与实现效益同样重要，应管理、测量负面影响，并与组织的领导层及受影响的相关方和组织进行适当的沟通。处理负面后果时，项目集经理应考虑与法律、营销和人力资源部门等组织机构进行协调。

项目集及其组件的交付成果所带来的效益为组织的战略目的和目标提供支持。效益可能要到项目集完成后（或完成很久后）才能以迭代的方式实现，因为项目集各组件产生的是可被预期接收方利用的增量成果。项目集收尾后，可能继续实现效益。

根据项目集的性质，项目集路线图用图形显示增量效益，它以可视化方法显示了有助于未来获得项目集效益和成果的投资回报。重要的是，随着增量效益的产生，无论组织内外的预期接收方都应对由此产生的变更做好准备，并能够在项目集完成时和完成很久后继续维持增量效益。

有些项目集只有在所有组件都完成后才能交付效益。在这种情况下，各组件的可交付成果和成果都有助于整体效益的实现。在项目集结束才能交付预期效益的项目集可能包括：大型建设项目；道路、水坝、桥梁等公共工程项目集；航空航天项目集；飞机或船舶制造；医疗设备和制药等。

项目集效益管理还能确保组织投资的项目集所产生的效益在项目集完成后能够维持。贯穿整个项目集交付阶段（见第7.1.3节）的项目集各组件的规划、设计、整合及管理，都是为了促进预期项目集效益的交付。在项目集效益交付阶段，效益分析和规划活动以及效益交付活动的实施可能采取迭代方式，在为达成项目集效益需要采取纠正措施的情况下尤为如此。

应对项目集效益进行监督和管理。应将效益视为项目集可交付成果不可缺少的一个组成部分。效益的风险结构应建立在组织风险偏好和项目集战略价值基础之上。对项目集的各项效益都要指定风险概率。若干因素会导致风险概率升高，包括实现效益所需的项目集组件数量和组织纳入变更和维持变更的能力。

项目集效益管理要求，在整个项目集期间，各绩效领域都要持续交互。交互的性质是周期性的，通常在项目集初期为自上而下的形式，在项目集后期则为自下而上的形式。例如，项目集战略一致性连同项目集相关方参与，为项目集提供关键的输入/参数，包括定义项目集效益的愿景、使命、战略目的和目标及商业论证。在整个项目集治理阶段，都要进行项目集绩效数据评估，以确保项目集将产生预期的效益和成果。

图 4-1 显示了项目集生命周期（见第 7 章）与项目集效益管理绩效领域的关系。

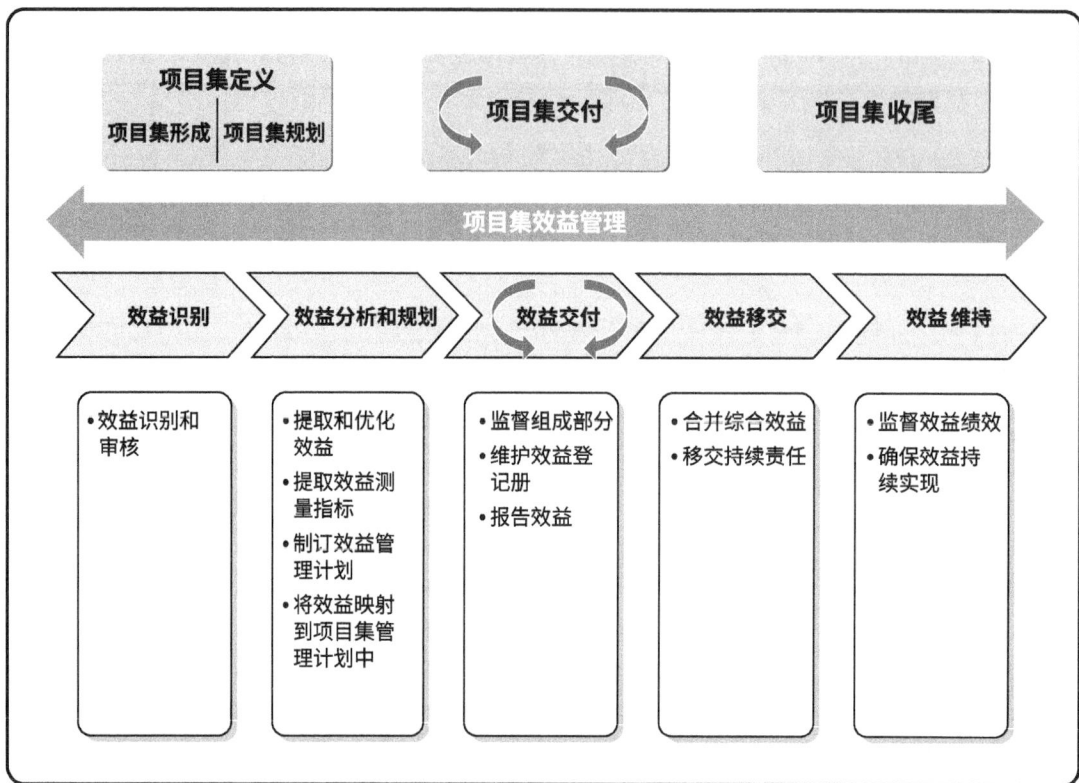

图 4-1　项目集生命周期与项目集效益管理

4.1　效益识别

　　效益识别阶段的目的是分析有关组织和商业战略、内部和外部影响以及项目集驱动因素的可用信息，以便识别和审核项目集相关方预期实现的效益。如第3.1节所述，在进行组织战略规划中，将识别组织计划并记录成文。这些计划描述组织的目标和活动。战略决策机构（通常为项目集指导委员会）可发布一个项目集章程，其定义了项目集预期要实现的战略目标和效益。项目集章程由有效的商业论证提供支持。效益识别活动包括：定义项目集的目标和成功要素，识别并量化商业效益。

商业论证可作为项目集效益和预期交付的正式声明，并为交付所耗费资源的合理性提供证明。商业论证建立职权、目的、商业需求理念和项目集支持，并为项目集的结构、项目集的指导原则和项目集的组织提供方向。项目集商业论证联系组织战略和目标，并帮助识别实现项目集效益所需的投资水平和支持。关于项目集商业论证的更多信息，请参见第 3.1 节、第 6.1.3 节和第 7.1.2.1 节。

4.1.1 效益登记册

效益登记册汇集并列出项目集计划的效益，用于在项目集的整个持续时间内测量和沟通效益的交付。在效益识别阶段，效益登记册根据项目集商业论证、组织战略计划和其他相关项目集目标而编制。随后，登记册由重要相关方审查，以便为每项效益制定适当的绩效衡量指标。在此阶段，将识别关键绩效指标，其相应的定量和定性指标则在下一阶段定义和阐述，项目集效益登记册也随之更新。效益登记册可采取很多形式，但通常包括（至少）：

◆ 计划效益列表；

◆ 计划效益与项目集组件的对应关系，如项目集路线图中反映的那样；

◆ 如何衡量每项效益的描述；

◆ 评估效益达成情况的关键绩效指标和临界值；

◆ 达成效益的风险评估和概率；

◆ 每项效益的状态或进展指标；

◆ 达成效益的目标日期和里程碑；

◆ 负责交付每项效益的人员、小组或组织；

◆ 按照效益计划制定度量进展情况的流程；

◆ 跟踪和沟通必要的进展情况，以记录项目集进展和向相关方报告。

4.2 效益分析和规划

效益分析和规划阶段的目的是制订项目集效益管理计划，并开发效益测量指标和框架，用于监控项目集中各个组件和效益测量。效益分析和规划的活动包括：

◆ 制订效益管理计划，用于指导项目集剩余阶段的工作；

◆ 定义项目集各组件及其相互依赖关系并进行优先级排序；

◆ 定义关键绩效指标和相关量化指标，以满足有效地监督项目集效益交付的需要；

◆ 制定项目集绩效基准，并向项目集重要相关方沟通项目集绩效指标；

◆ 随着已知信息的增多，更新正面和负面风险。

特别重要的是，量化增量交付的效益，以便在项目集执行阶段可衡量全面实现计划效益的情况。有意义的衡量指标可帮助项目集经理和相关方确定，效益是否超出其控制临界值以及效益是否按时交付。增量效益量化包括效益交付时间（如开始实现效益的日期）、无形效益的量化（如士气或组织看法的改善）、结果效益的量化（如节约的时间；增加的利润；达成的目标；取得的文化、政治、立法改进；市场份额的增加、竞争对手实力的削弱，或获得的增量生产率增加），以及成本，如图4-2所示。在本例中，在项目集收尾后，项目集会继续产生成本，因为需要将运营中的维持成本纳入项目集投资的效益中；项目集成本也可能在项目集收尾后终止。在项目集继续时，可向接受效益的组织提供额外资金，用于支付新效益的递延成本（也可不提供额外资金）；在有些情况下，组织必须自筹资金。另外，本例中可量化的效益尚未超出项目集成本；而随着时间的推移，项目集效益预计会超出项目集成本，正如商业论证中所述。

随着项目集效益的进一步确定，项目集效益风险也应进一步细化，并量化新的效益风险。实现效益的风险的例子包括：相关方验收、交接复杂性、组织纳入变更的程度、非预期成果的实现，以及特定行业可能遇到的其他情况等。还应识别、细化和量化那些以机会的形式出现的正面风险，从而优化效益交付。机会可包括：优化关键资源或项目集组成部分所消耗资源的分配，或者利用新技术减少交付特定效益所需的工作或资源。

项目集治理职能帮助项目集团队确定达成的效益是否在所述参数范围内，从而可在必要时提出整体项目集或各组件的变更。这种分析要求将效益与项目集目标、财务支出（运营和资本支出）、测量标准（包括关键绩效指标），以及测量点和审查点联系起来。在效益交付阶段也利用效益管理计划验证效益正在按计划实现，并向项目集相关方和项目集指导委员会提供反馈，以促进效益的成功交付。

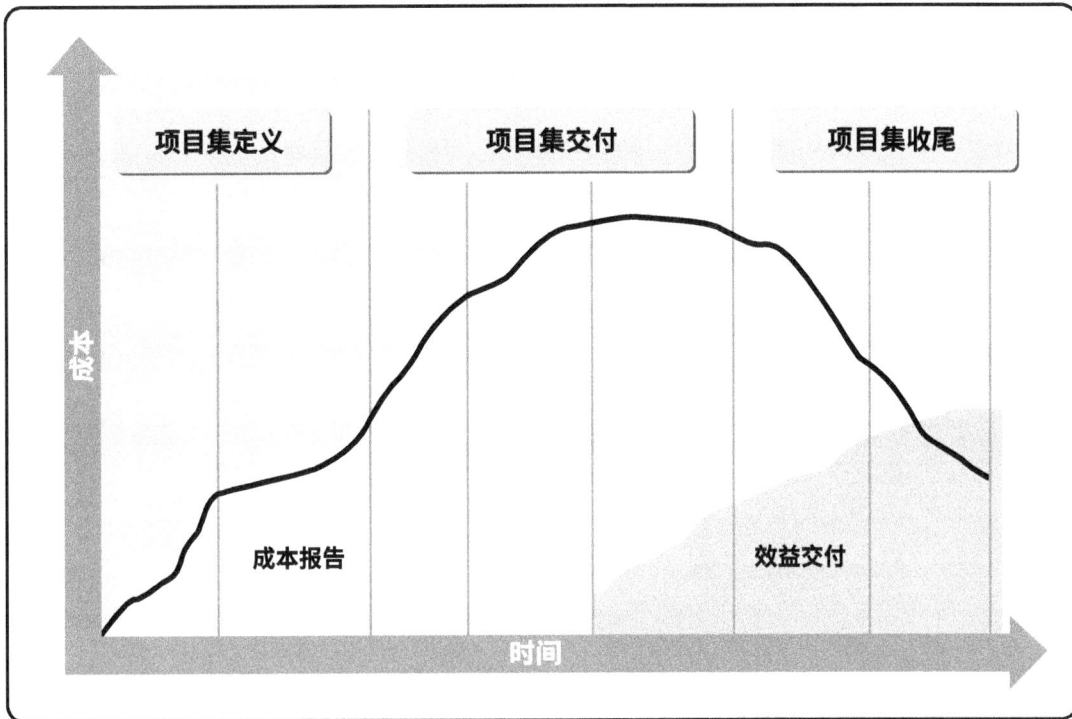

图 4-2　一般项目集生命周期中的成本和效益情况

4.2.1　效益管理计划

效益管理计划是对创造、最大化和维持项目或项目集效益的过程进行定义的书面文件。效益管理计划正式记录了实现项目集计划效益所必需的活动。它识别效益如何及何时有望向组织交付，还规定了确保随着时间的推移效益完全实现所需建立的机制。效益管理计划是一个基准文件，它为在项目集执行期间交付效益提供了指导。效益管理计划还识别效益实现所推动的变更的相关活动、流程和系统；对现有流程和系统的必要变更；如何及何时移交以进入运营状态。

效益管理计划应：

◆ 定义各项效益和相关假设，决定如何达成各项效益；

◆ 将各组件的输出与计划过的项目集成果联系起来；

◆ 定义衡量效益的指标（包括关键绩效指标）和测量效益的程序；

◆ 定义管理效益所需的角色和职责；

◆ 定义如何将结果效益和能力移交以进入运营状态，从而实现效益；

◆ 定义如何将结果能力移交个人、团体或组织，由他们负责维持效益；

◆ 提供整体效益管理工作所需的流程。

4.2.2　效益管理和项目集路线图

项目集效益管理制定项目集架构，该架构描绘了各组件应如何交付能力与成果，以实现项目集效益。项目集路线图定义项目集组件的结构，识别各组件之间的关系，制定治理其结论的规则。项目集路线图描述项目集不断变化的方面，包括增量效益交付。关于项目集路线图的更多信息请参见第3.3节。

4.2.3　效益登记册更新

效益登记册新建于效益识别阶段，在效益分析和规划过程中更新。此时，根据项目集路线图将项目集效益与项目集组件部分对应起来。效益登记册随后由适当的相关方审查，以便定义和批准关键绩效指标和其他测量指标，这些指标将被用于监督项目集的绩效。

4.3 效益交付

效益交付阶段的目的是确保项目集按照效益管理计划中的定义交付预期的效益。在项目集实施过程中，可能实现风险影响效益，它们可能需要更新，也可能变得过时；此外，相关效益的效益登记册中还应纳入新的风险和更新。效益交付的活动包括：

◆ 监督组织环境（包括内部和外部因素）、项目集目标和效益实现，以确保项目集仍然与组织战略目标保持一致；

◆ 启动、执行、移交和收尾各组件，并管理它们之间的相互依赖关系；

◆ 评估影响效益的机会和威胁，包括用新的机会和风险影响效益更新效益登记册，以及更新已实现的或已过时的风险影响效益；

◆ 为了监督效益的交付，评估涉及项目集财务、合规性、质量、安全和相关方满意度的关键绩效指标；

◆ 在效益登记册中记录项目集的进展，并根据项目集沟通管理计划的规定，向重要相关方报告。

在效益交付阶段确保有一套指定的报告或测量指标，用来向项目集管理办公室、项目集指导委员会、项目集发起人和其他项目集相关方报告。通过持续监督和报告效益指标，相关方可以评估项目集的整体健康状况，并采取适当的措施以确保效益得到成功交付。

效益管理是一个迭代的过程。特别是效益分析、效益规划与效益交付这三者之间是一种循环关系。随着条件的变化，可能要持续不断地重新审视效益分析和规划。针对通过监督组织环境所获得的信息，可能需要采取纠正措施。为使预期项目集成果与组织战略目标保持一致，可能需要对项目集各组件进行修改。评估项目集风险和关键绩效指标后，可能也需要采取纠正措施。由于涉及项目集财务、合规性、质量、安全和/或相关方满意度的绩效问题，可能需要修改项目集各组件。这些纠正措施可能要求项目集在效益交付阶段添加、变更或终止相关组件。

4.3.1 效益和项目集组件

项目集各组件应在适当的时候启动，并将其输出整合到项目集中，使其成为一个整体。这些组件的启动和收尾都是项目集路线图和时间表中的重要里程碑。里程碑标志着增量效益的达成和交付。当效益管理计划为了与项目集的节奏保持同步而进行修改时，项目集路线图（见第3.3节）也应该随之更新。

4.3.2 效益和项目集治理

由于效益具有价值，因此，需要让其能够及时地、充分地实现。应根据效益管理计划的规定，针对预期效益，对项目集组件或项目集本身所交付的实际效益进行定期评估。需要考虑的一个关键方面是，项目集组件乃至项目集作为一个整体，是否仍然可行。如果项目集效益的定位发生变化（例如，整个生命周期成本超出计划效益），或者交付效益过迟（例如，机会窗口不再存在），则应对项目集路线图进行评估。另外，还可以识别那些能够优化项目集节奏、项目集组件之间其他协同效应和效率的机会。为反映项目集各组件的变更与节奏，可能必须对效益管理计划进行修改。在修改效益管理计划时，项目集路线图也应更新。

项目集治理绩效领域与效益管理绩效领域的整合将有助于确保项目集始终与组织战略保持一致，并且项目集效益的交付仍然能够实现预期效益。

有效的治理有助于确保为组织实现并交付承诺的成果，从而实现预期效益。结果效益审查要求对比计划效益与实际效益，而实际效益是根据对包括关键绩效指标在内的各方面因素进行分析得到的。在效益交付阶段，特别要分析和评估以下方面：

◆ **战略一致性**。重点确保企业与项目集计划之间的联系；定义、保持和验证项目集价值定位；项目集管理与企业运营管理保持一致。对于关注内部的项目集，效益实现流程衡量新效益对组织运营流程的影响，以确保将引入变更后产生的负面影响和可能的破坏性降低到最小。

◆ **价值交付**。重点确保项目集能够交付预期效益。可能有机会窗口来实现特定的计划效益并使之产生真正的价值。项目集经理、项目集指导委员会和重要相关方可确定机会窗口的条件是否满足，或者是否受到项目集或组件的实际活动的限制（例如，延误、成本超支或范围缩小）。投资也可能具有时间价值，其中，各组件进度计划的变化会产生额外的财务影响。

4.4　效益移交

效益移交阶段的目的是确保项目集效益移交至运营领域，并能在移交后继续维持。向组织、社区或其他项目集受益者交付价值，使之能够利用这些效益。

效益移交的活动包括：

◆ 验证项目集及其组件的整合、移交和收尾是否满足或超过为了实现项目集的战略目标而规定的效益实现标准；

◆ 制订移交计划，以促进效益在向受影响的运营领域移交时能够持续实现。

效益移交确保了以下事项：移交范围得以定义；在计划中接收组织或职能部门的相关方得以识别和参与；项目集效益的衡量和保持计划得以制订；移交得以实施。

项目集的效益移交计划活动仅仅是完整的移交过程的一个组成部分。接收组织或职能部门负责其领域中的所有准备流程和活动，以确保产品、服务或能力得以接收，并在其领域中得以整合。在项目集收尾过程中，伴随项目集各组件收尾或其他工作活动收尾，可能有多个移交事件。

在项目集正式工作结束前，效益可能就已实现，并在正式工作结束后继续实现。如果某个项目集组件预期向组织提供增量效益，则效益移交可能在其收尾后进行。如果项目集作为整体向组织提供效益，并且未识别到增量效益，则效益移交也可能在项目集整体收尾后进行。

应该对效益进行量化，使其可在时间的维度上得到衡量。有时，在实际的项目集工作结束很久后，效益也未能实现，在项目集关闭很久后可能还需要进行监督。在项目集结束时，应将所产生的效益与商业论证中的预期效益进行比较，以确保项目集实际交付了预期效益。

效益移交活动确保项目集各组件的结果或输出满足验收标准，圆满结束或整合纳入其他项目集要素，并对项目集整体效益的实现做出贡献。效益移交可包括但不限于以下活动：

◆ 针对包括关键绩效指标在内的适用的验收标准，对项目集和项目集组件的绩效进行评估；

◆ 审查和评估交付的组件或输出所适用的验收标准；

◆ 审查运营和项目集流程文件；

◆ 审查培训和维护材料（如适用）；

◆ 审查适用的合同协议；

◆ 评估以确定产生的变更是否已成功地整合；

◆ 用于提高相关方对于变更的接受度的活动（研讨会、会议、培训等）；

◆ 向接收组织移交影响效益的风险；

◆ 接收人员、团体或组织对就绪程度的评估与批准；

◆ 所有相关资源的处理。

在移交过程中，由于各项目集组件的事件和项目集类型的不同，接收方也有所不同。某产品支持型组织可作为公司开发的产品线的接受方。对于某个提供给客户的服务，接收方可能是服务管理组织。如果工作产品是为某外部客户开发，则可将其移交给客户的组织。在某些情况下，移交可能是从一个项目集移交到另一个项目集中。

在没有效益可移交至运营的情况下，项目集也可能终止。这可能发生在章程已得到履行，并且不需要运营来继续实现持续的收益，或者特许项目集对组织不再有价值时。移交可能是单个组织中职能部门的正式活动，也可能是与组织外部的实体进行的基于合同的活动。接收实体应该清楚地了解将要移交的能力或成果，以及能够成功维持效益的具体需求。在移交过程中，通常要提供所有相关文档、培训和材料、支持系统、设施和人员，还可能包括召开移交会议和研讨会。

如果任何影响已移交利益的风险仍然存在，则项目集经理应当将风险转移到适当的组织。接受效益的组织可能不是持续监督效益风险的团队。风险可由治理组织（如项目集管理办公室）实施监督。

4.5 效益维持

效益维持阶段的目的是，当项目集结束后，由接收组织持续进行维护工作，以确保继续生成项目集所交付的改进与成果。当项目集关闭后，由项目集提供的维持效益的职责可能移交给另一个组织或另一项目集。效益可以通过运营、维护、新组件或其他工作来维持。效益维持计划应在项目集收尾前制订，用以识别必要的风险、流程、措施、衡量指标和必要的工具，以确保持续地实现交付效益。

项目集经理和组件项目经理在项目集实施过程中，应对项目集效益的维持进行规划。确保效益维持的实际工作通常在项目集收尾后进行，并且已超出项目集各组件的范围。虽然效益接收人员、组织或受益人群体将执行相关工作，以确保效益在项目集结束后的持续，但项目集经理应在项目集执行期间负责规划这些后续过渡的活动。

效益维持的职责不属于传统的项目生命周期，然而，该职责可能仍然保留在项目集生命周期中。虽然这些正在进行的产品、服务或能力的支持活动可能属于项目集范围，但其通常在本质上属于运营范畴，因此，它们一般不会作为项目集或项目进行运作。

效益维持活动包括但不限于：

◆ 为项目集接受方（个人、团体、组织、行业和产业）规划必要的运营、财务和行为变更，以继续监督绩效。

◆ 实施必要的变更工作，以确保在项目集收尾和项目集资源返回组织之后，项目集实施过程中所提供的能力能够得以持续。

◆ 从可靠性和可用性的角度监督产品、服务、能力或成果的绩效，并比较实际绩效与计划绩效（包括关键绩效指标）。

◆ 监督部署的产品、服务、能力或成果的持续适用性，以使得拥有和运营它的客户能够获得预期的效益。其中可包括与其他产品、服务、能力或成果衔接的持续可行性以及持续的功能完整性。

◆ 鉴于技术进步和供应商是否愿意继续支持原有配置，监督产品、服务、能力或成果的后勤支持的持续可用性。

◆ 响应客户针对产品、服务、能力、辅助支持的成果，或者在性能或功能方面改进的需求。

◆ 为产品、服务、能力、功能性成果、改进的技术信息、实时服务台等事项提供按需支持。

◆ 在不放弃其他产品支持功能的情况下，对产品、服务、能力或独立于项目集管理职能的成果进行规划，并建立运营支持。

◆ 更新关于产品、服务、能力或改进的技术信息，以响应频繁的产品支持查询。

◆ 规划将产品或能力从项目集管理向组织运营部门的移交。

◆ 规划产品或能力的淘汰和逐步淘汰，或者对规划停止支持，并对当前客户提供适当的指导。

◆ 在新项目或新项目集中，开发商业论证与潜在计划，以应对以下事项所带来的运营问题：所部署的产品、服务、得到支持的能力、公众接受程度、对于改进或立法变更的反应；政治、经济、社会经济变化；文化变迁；由于部署产品、服务、能力或获取支持而带来的后勤问题。

◆ 监督影响项目集效益的任何未解决的风险。

关于项目集生命周期和效益的更多信息，请参见图 1-1。

5

项目集相关方参与

项目集相关方参与是识别和分析相关方需求、管理期望和沟通，以促进相关方支持的绩效领域。

本章内容包括：

5.1 项目集相关方识别

5.2 项目集相关方分析

5.3 项目集相关方参与规划

5.4 项目集相关方参与

5.5 项目集相关方沟通

相关方是指能够影响项目、项目集或项目组合的决策、活动或结果的个人、小组或组织，以及会受到或自认为会受到项目、项目集或项目组合的决策、活动或结果影响的个人、小组或组织。

相关方可能来自项目内部，也可能来自项目外部，对项目集成果的影响可能积极，也可能消极。项目集经理和项目经理需要了解相关方的冲击和影响力程度，以便了解和应对项目集与项目不断变化的环境。

应对相关方进行识别、分析、分类和监督。与项目集资源不同，不是所有的相关方都可以直接管理，但他们的期望是可以管理的。在很多情况下，外部相关方的影响力比项目集经理、项目集团队，甚至项目集发起人都更大。鉴于平衡相关方的利益对实现项目集效益可能产生的影响，或者相关方的利益存在内在冲突的性质，平衡这些利益非常重要。当在组织结构上没有从属关系时，人们倾向于抵制直接管理。因此，大多数项目集管理文献关注的都是相关方参与的概念，而不是相关方管理。

相关方参与通常被表述为相关方与项目集领导以及项目集团队之间的直接和间接的沟通。从事项目集团队参与工作的人员可能在项目集和项目团队中充当不同的角色。不过，相关方参与不仅仅包括沟通。例如，相关方可以参与目标设定、质量分析审查或其他项目集活动。主要目标是获取并维持项目集相关方对项目集目标、效益和成果的认同。

模糊性和不确定性是项目集的共同特征。项目集经理理解和管理广大相关方所需要的努力程度取决于环境的复杂性。图 5-1 所示为一个具有多样性的相关方环境，它可能影响管理这些期望所需的措施。相关方映射是确保成功的期望管理和反过来向组织交付商业效益的关键步骤。除了沟通方面，相关方参与涉及目标的谈判、对期望效益的协议、对资源的承诺，以及在整个项目集过程中的持续支持。

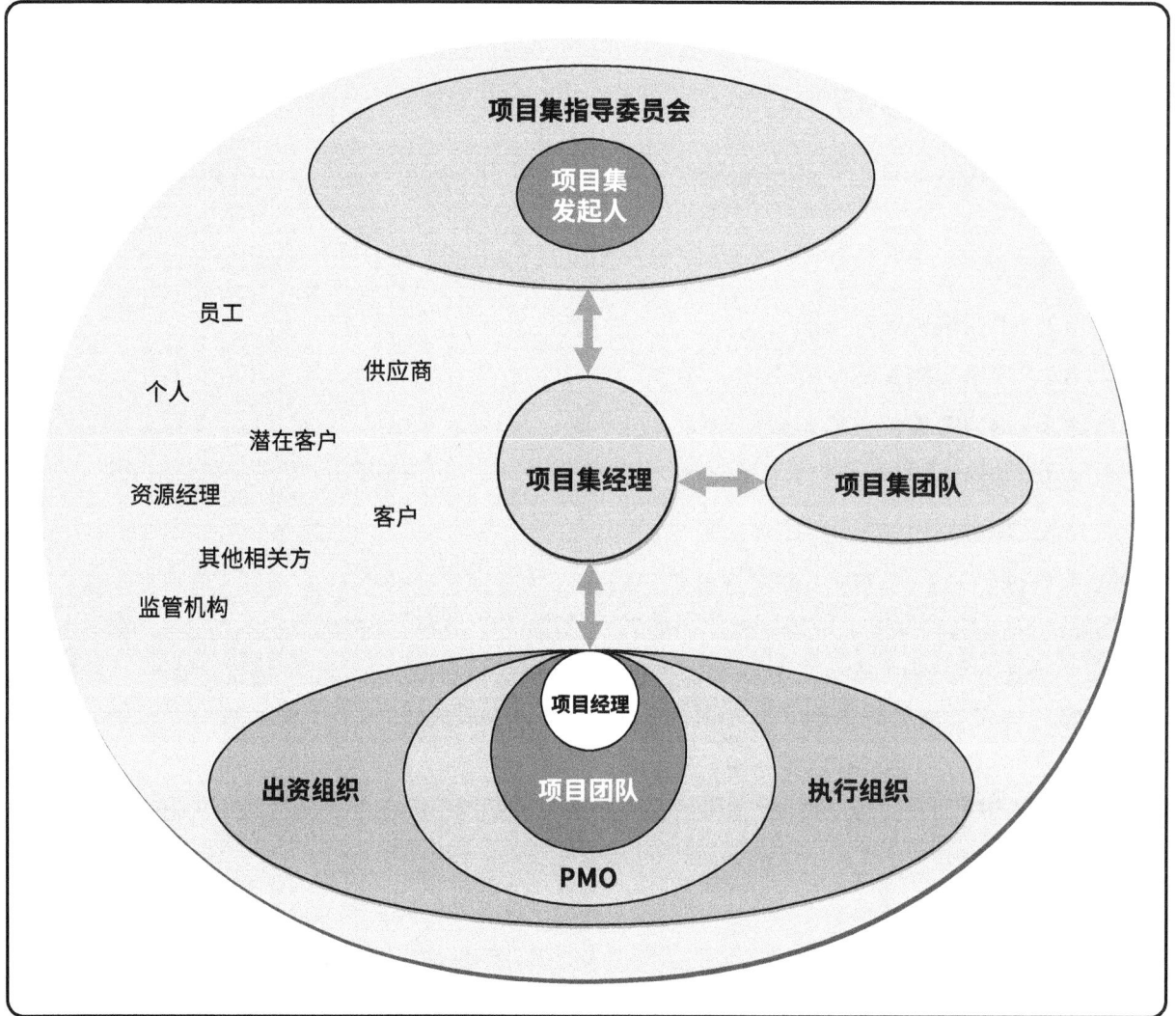

图 5-1 项目集相关方环境

不同的相关方对项目集的兴趣程度和影响程度可能有很大差别。相关方可能并不知道项目集，或者，即便知道，也可能不支持它。项目集经理的职责是对已知的相关方投入足够的时间和精力，以确保所有的观点都得到考虑和解决。

项目集经理通过以下方式与相关方互动：

◆ 通过评估他们对项目集的态度和兴趣，以及他们对变更的接受程度，促使相关方参与；

◆ 在项目集活动中纳入相关方，针对他们的需求、兴趣、要求、期望和需要进行沟通，根据他们对变更的接受程度以及选定的组织变更管理策略的速度和规模来进行沟通；

◆ 针对项目集背景以及对项目集关系的理解，监督相关方的反馈；

◆ 对项目集或在项目集组件的相关组织结构的背景下所需的培训计划提供支持。

这种双向沟通使得项目集经理能够按照项目集章程为组织交付效益。

项目集层级的相关方参与可能具有挑战性，因为某些相关方将项目集的效益视为变革。在对变革没有直接需求，没有参与变革，不理解变革的必要性，或者担心变革对其个人产生影响时，人们就会倾向于拒绝改变。因此，在整个项目集持续期间，项目集经理和项目集团队成员都要了解各相关方的态度和议程。项目集经理应作为组织变革的拥护者，了解各相关方的动机，后者可能尝试改变项目集的进程或者故意破坏项目集，从而阻止项目集实现一项或多项预期效益或成果。随着项目集在这个复杂环境中的不断发展，它会通过调整来确保其能够交付预期效益，其策略和计划可能发生改变。为获得支持，项目集经理还可利用项目集发起人或资助组织，通过项目集治理来改善组织环境，使项目集效益得到有效实现。

项目集经理需要弥合组织当前的状态与期望的未来状态之间的差距。为此，项目集经理应该了解当前状态，以及项目集及其效益将如何推动组织转变到未来状态。因此，项目集经理应该熟悉组织变更管理。

成功的项目集经理能够利用强有力的领导技巧为项目集团队制定明确的相关方参与目标，以解决项目集将带来的变更问题。这些目标包括使相关方参与评估其对变更的接受程度、规划变更、提供项目集资源和支持变更、促进或协商实现变更的方法，以及获取和评估相关方对项目进展的反馈。

5.1 项目集相关方识别

项目集相关方识别的目的是，在相关方登记册中系统地识别所有重要相关方（或相关方群体）。这个登记册中列出了相关方，并进行相应分类，分类依据为相关方与项目集的关系、他们对项目集结果的影响能力、他们对项目集的支持程度，以及项目集经理认为可能影响相关方的认识和项目集成果的其他特征或属性。

表 5-1 列出了项目集相关方分类的示例。

表 5-1　相关方登记册

姓名	组织职位	项目集角色	支持级别	影响力	沟通	其他特征
相关方 1	主管	供应商	中立	低	月度电子邮件	利益
相关方 2	客户	接收方	支持	中	周会	需求
相关方 3	高级副总裁	发起人	领导	高	季度状态报告	参与状态

相关方登记册的建立和维护应该使项目集团队成员易于参考，以便他们在报告、分配项目集可交付成果以及进行正式和非正式的沟通时使用。应该注意的是，相关方登记册可能包含政治和法律上的敏感信息，项目集经理还可对其访问和审查权限设置限制。因此，应确保相关方登记册得到适当的保护。项目集经理应遵守与项目集运作相关的国家数据隐私规定。相关方登记册是一个动态文档。随着项目集的发展，可能出现新的相关方，当前相关方群体的利益也可能发生变化。项目集经理应监督环境变化，根据需要编制和更新登记册。

重要项目集相关方的例子包括但不限于：

◆ **项目集发起人。**为项目集提供资源和支持，并负责为项目集的成功创造条件的个人或团体。项目集发起人往往是项目集的拥护者。

◆ **项目集指导委员会。**是代表不同项目集相关利益的团体，其根据授权，通过治理实践为项目集提供指导、支持和批准。该指导委员会还可称为项目集治理委员会。

◆ **项目组合经理。**由执行组织指定的人员或小组，负责建立、平衡、监督和控制项目组合组件，以实现战略业务目标。

◆ **项目集经理。**由执行组织委派，领导团队实现项目集目标的人员。

◆ **项目经理。**由执行组织委派，领导团队实现项目目标的个人。

◆ **项目集团队成员。**执行项目集活动的个人。

◆ **项目团队成员。**执行项目各项活动的个人。

◆ **出资组织。**为项目集提供资金的组织或外部组织的一部分。

◆ **执行组织。**其人员最直接地参与项目或项目集工作的组织。

◆ **项目集管理办公室。**对与项目集相关的治理过程进行标准化，并促进资源、方法论、工具和技术共享的一种管理架构。

◆ **客户。**使用由项目集交付的新能力，并获得预期效益的个人或组织。客户是项目集最终成果的主要相关方，他们将影响项目集的成功与否。

◆ **潜在客户。**密切关注项目集交付所述效益情况的过去和未来的客户。

◆ **供应商。**产品和服务提供者，他们往往受到政策和程序变化的影响。

◆ **监管机构。**负责建立并管理地方和主权国家政府的监管与法律界限的公共权力机构或政府机构。通常，这些机构将设置强制性标准或要求。

◆ **受影响的个人或组织**。认为自身将得益于或受损于项目集活动的人员。

◆ **其他群体**。代表消费者、环境或其他利益（包括政治利益）的群体。如人力资源、法律、行政管理和基础设施等组织支持职能部门，也被认为是重要相关方。

使用头脑风暴技术识别相关方，旨在为整个项目集生命周期指定相关方。由此产生的相关方登记册是一个重要工具，可有效促使相关方的参与。

5.2 项目集相关方分析

在相关方登记册中列入所有重要相关方后，项目集经理将对其进行分类并着手分析。分类将突出不同相关方的需求、期望或影响的差异。为了更好地理解与项目集相关的组织文化、政治、关注点，以及项目集的总体影响，应从相关方获得关键信息。这些信息可以通过历史信息、个人访谈、焦点小组、问卷调查或调查获得。与访谈或焦点小组相比，问卷调查和调查能够使项目集团队从更多的相关方处获得反馈。无论使用何种技术，关键信息都应通过开放式问题收集，以获得相关方的反馈。从收集到的信息中，应该编制一个相关方优先级列表，以帮助将相关工作的重点集中在那些对项目集具有最大影响（积极或消极）的人员和组织上。项目集经理应在相关活动之间建立一种平衡，以减轻那些对项目集持负面看法的相关方的影响，并鼓励那些认可项目集正面贡献的相关方提供积极的支持。

对于复杂的项目集，项目集经理可以编制一个相关方示意图，用于直观地表示所有相关方当前和期望的支持和影响之间的相互关系。该示意图可作为评估变更对项目集社区影响的一个工具。使用该示意图可使项目集团队考虑相关方的兴趣、影响、参与度、相互依赖关系和支持水平，在如何及何时让相关方参与方面做出明智的决定。用于相关方分析的另一种分类模型是权力/兴趣矩阵。它根据相关方的权限级别（"权力"）和他们对项目集成果的关注程度（"兴趣"）对相关方进行分组。图 5-2 展示了相关方权力/兴趣矩阵的一个示例，A～H 表示一般相关方的定位。

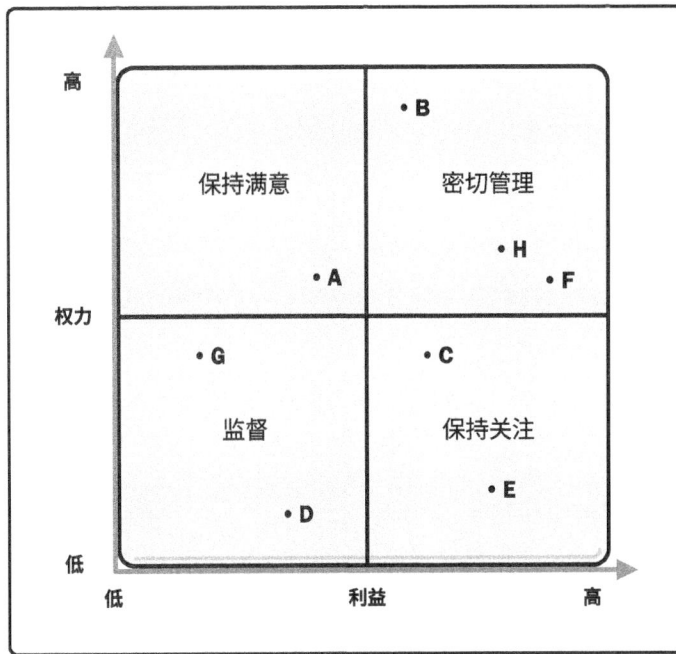

图 5-2　相关方权力/兴趣矩阵

　　项目集经理通过识别相关方的期望，清楚地列出关键指标和预期效益，从而建立一个框架，用来处理正在进行的项目集活动以及相关方需求的变化。相关方示意图可作为一种工具来帮助识别与相关方进行互动的需求。它揭示了相关方之间可能存在的合作伙伴关系以及为项目集成功做出贡献的合作机会。当需求出现时，项目集经理可使用相关方示意图提醒团队，在项目集生命周期中的不同时间内，哪些相关方需要参与其中。随着项目集工作的进展，应定期审查和更新整个相关方登记册以及相关方参与活动的优先级。

5.3　项目集相关方参与规划

　　项目集相关方参与规划规定了项目集相关方在整个项目集持续期间将如何参与。通过考虑组织战略计划、项目集章程和项目集商业论证，分析相关方登记册和相关方示意图，从而了解项目集将要运行的环境。

作为相关方分析和相关方参与计划的一个组成部分，应关注相关方的以下几个方面：

◆ 对组织文化和变革的接受度；

◆ 对项目集及其发起人的态度；

◆ 适合相关方具体参与的相关阶段；

◆ 对项目集效益交付的期望；

◆ 对项目集效益的支持或反对程度；

◆ 影响项目集成果的能力。

这项工作的成果是相关方参与计划，其中包括根据当前情况制定的、相关方有效参与的详细战略。该计划包括相关方参与的指导方针，并针对相关方如何参与项目集各组件提供了有关见解。该计划定义了衡量相关方参与活动的绩效指标。这些衡量指标可包括参加会议和其他沟通渠道的措施，主动或被动地支持或反对的程度，也可以努力去量化达成预定目标的有效性。应向项目集组件项目、子项目集和其他项目集活动提供相关方参与指导方针。相关方参与计划提供了在项目集文档编制过程中使用的关键信息，以及已知相关方变更一致性的信息（见第8.1.2.2节）。

5.4 项目集相关方参与

相关方参与是一个持续的项目集活动，因为随着项目集的进展和效益交付，相关方的列表、态度及意见都会发生变化。在整个项目集期间，项目集经理的主要角色之一是确保所有的相关方都能充分、适当地参与其中。识别相关方，映射他们的利益，并规划相关方参与将为这个过程提供直接支持。应经常参考和评估相关方登记册、相关方映射图和相关方的参与计划，并根据需要进行更新。

与相关方交互、促进相关方参与可使项目集团队在项目集效益及其与组织战略目标的相关性方面与相关方沟通。必要时，项目集经理可利用强大的沟通、谈判和冲突解决技巧，帮助平息相关方对项目集及其效益的反对。在相关方或相关方群体之间的期望发生冲突时，具有多样化相关方的大型项目集可能需要促进相关方及相关方群体的谈判。

为了帮助相关方建立对项目效益交付的共同的高层级期望，项目集经理应向相关方提供项目集章程和项目集商业论证中包含的适当信息，其中可附上执行概要，以总结风险、依赖关系和效益的细节。

相关方参与的主要测量指标是为实现项目集的目标与效益所做出的积极贡献、相关方参与，以及与项目集团队的沟通频率或次数。项目集经理努力确保与相关方的所有交互都得到充分记录，包括会议邀请、出席人数、会议记录和行动事项。项目集经理定期审查相关方测量指标，以确定由于相关方缺乏参与所造成的潜在风险。通过对参与趋势进行分析，并进行根本原因分析，以确定和解决相关方不参与的问题。相关方参与的历史提供了重要的背景信息，这些信息可能影响相关方的看法和期望。例如，当某相关方没有积极参与时，可能是因为相关方对项目集的方向失去信心，或者可能有不准确的期望，或者对项目集失去了兴趣。彻底的分析将避免关于相关方行为的错误假设，这些假设可能导致意外的问题或糟糕的项目集管理决策。

项目集团队在与相关方合作时，会收集、记录、管理相关方的问题和关注点，直至它们得到解决。使用问题日志记录、优先级排序、问题跟踪，这些方法将有助于整个项目集团队理解从相关方收到的反馈。如果相关方列表不是很长，一个简单的电子表格就足以作为一项跟踪工具。如果项目集具有影响大量相关方的复杂风险和问题，则可能需要一个更为复杂的跟踪和优先级排序机制。

相关方的问题和关注点可能影响项目集的各个方面，例如项目集的范围、效益、风险、成本、进度、优先级和成果。影响分析可用于了解相关方问题的紧迫性和可能性，并确定哪些问题可能转化为项目集风险。

5.5　项目集相关方沟通

有效的沟通将在不同的相关方之间架起一座桥梁，这些相关方可能具有不同的文化和组织背景、不同的专业水平以及不同的观点和兴趣，所有这些都可能对项目集效益的交付造成冲击或影响。沟通是项目集相关方参与的核心。它是执行项目集工作并最终为组织带来效益的关键。这个关键组成部分是项目集团队成员之间进行信息共享、协商和协作的一个工具，其目的是推动项目集工作的实施。

在项目集整个生命周期中，项目集经理都应该积极促进相关方参与，尤其要关注那些权力和影响力大的重要相关方。可针对相关方登记册（见表5-1）所列出的不同相关方而制定相应的战略。这反映了沟通的要求，例如应沟通哪些信息，包括语言、形式、内容和详细程度。它还可以形成一个反馈闭环，以讨论项目集变更和升级过程。由此产生的沟通方式的目标是获得相关方对项目集战略以及项目集效益交付的支持。

某些相关方天生对项目集很好奇，并且经常提出问题。应该捕捉这些问题并发布答案，使多个相关方从中获益。在很多情况下，针对特定相关方受众的文档可能需要以不同的形式呈现。重要的是，要为制定决策的相关方提供足够的信息，以便使他们能够在正确的时间做出正确的决策，推动项目集向前发展。项目集经理应持续监督变更，并根据需要更新相关方的参与活动和可交付成果。

在许多项目集管理活动中，与某些相关方的沟通是固有的。这些活动将在第8章详细描述。项目集经理应不断地监督和改善环境，以满足相关方沟通的需求。

6

———

项目集治理

项目集治理是实现和执行项目集决策，为支持项目集而制定实践，并维持项目集监督的绩效领域。

本章内容包括：

6.1　项目集治理实践

6.2　项目集治理角色

6.3　项目集治理的设计与实施

项目集治理包括为了满足组织战略和运营目标的要求，对项目集实施监督、管理和支持的框架、职能和流程。项目集治理的重点是，通过建立系统和方法，供发起组织定义、授权、监督和支持项目集及其战略，从而实现项目集效益的交付。设计良好的项目集治理框架能提供有效的决策实践，确保项目集得到适当的管理。审查和决策小组通过采取措施来执行项目集治理，该小组负责签署或批准关于其授权下的项目集的建议。项目集经理负有管理责任，应确保项目集在治理框架内运行，并同时管理日常项目集活动。项目集经理应确保项目集团队理解并遵守治理程序和基本治理原则。

项目集治理也可参照项目集团队为了支持项目集而对项目集组件实施监督和管理的框架、职能和流程。项目集组件的治理往往通过项目集经理和负责项目集成果整合的项目集团队采取措施来实现。上述职责也可称为项目集组件治理。

项目集治理受组织治理的影响。组织治理是一种结构化的方式，通过人员、政策和流程来提供控制、指导和协调，以满足组织的战略和运营目标。通常，项目组合治理是获得投资授权的项目集的层级治理。

图6-1所示为项目集的治理层级。在项目组合结构中，项目组合治理支持职能和流程通过项目组合治理与项目集关联。对于不属于项目组合结构的独立项目集，治理机构将为项目集提供治理支持职能和流程，包括治理政策、监督、控制、整合及决策。治理活动的类型和频率由项目组合治理和治理机构决定。项目组合为项目组合结构中的项目集提供治理政策、监督、控制、整合及决策等职能和流程。

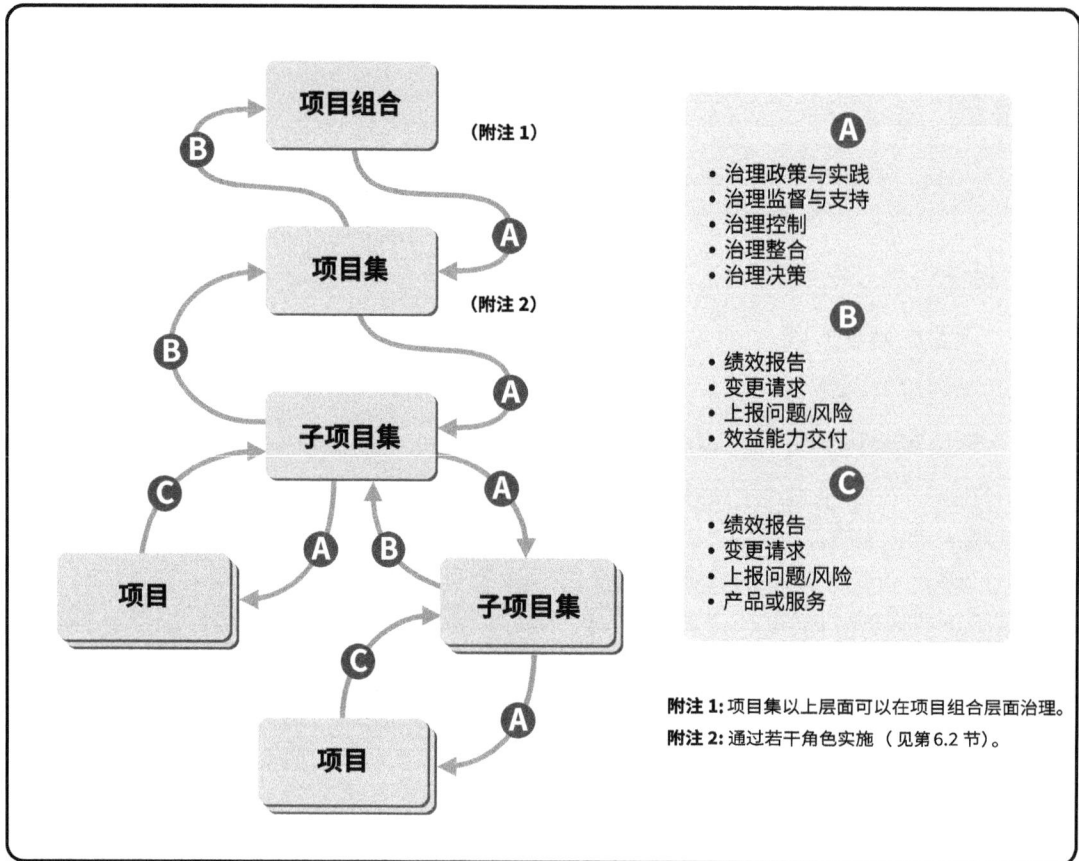

图 6-1　治理层级

有效的项目集治理通过以下方面为项目集的成功提供支持：

◆ 确保项目集的目标与发起组织的战略愿景、运营能力和资源承诺保持一致；遵守项目集治理领域所实施的、支持这种一致性所需的报告和控制流程。

◆ 批准、支持和启动项目集，并从发起组织获得资金。

◆ 针对发起组织如何监督项目集，制定明确、易懂的协议；另外，明确项目集在实现其目标期间的自主程度。

◆ 在整个项目集持续期间，设立与关键治理相关方每次交互的明确期望，从而促进项目集相关方的参与。

◆ 为项目集建立一个环境，来沟通和处理项目集风险及不确定性，以及项目集绩效领域出现的机会和问题。

◆ 提供一个与项目组合和公司治理政策及流程相一致的框架，以评估项目集并确保项目集符合要求；每个项目集可能需要创建特定的治理流程或程序，但其应该与组织治理原则保持一致。

◆ 设计和授权质量保证流程，在需要时，对项目集进度进行审查和健康检查，以实现预期效益。使用各种审查方法，包括阶段关口审查、其他决策点审查和定期健康检查。

◆ 使组织能够评估组织战略计划的可行性和实现该计划所需的支持水平。

◆ 选择、支持和促成项目集组件，包括项目、子项目集和其他项目集活动。

◆ 针对项目集各阶段之间的移交、项目集的终止或收尾做出决定。

在需要对从项目集流程中获得的成果和信息做出快速响应的情况下，有效的项目集治理在高度复杂或不确定的环境中尤为重要。项目集治理使澄清组织的愿景、促进项目集与组织战略保持一致、实现项目集需求与当前组织能力的周期性平衡成为可能。治理参与者能够监督，并根据需要授权或限制作为项目集组成部分而执行的活动所做的变更。治理决策论坛侧重于促进项目集方法的适应性调整，以实现预期效益。第6.2节描述了执行项目集治理活动的角色和参与者。

项目集治理提供了一个重要手段，项目集借此寻求针对动态变更项目集战略或计划的授权和支持，以响应应急成果。项目组合中的项目集很可能要在项目组合框架内进行治理。项目组合治理为项目组合结构中的项目集、项目和运营，提供监督、控制、整合和决策实践的框架、职能和流程。如果组织没有项目集和项目构成的项目组合，则应在组织治理框架内进行制定授权项目集的想法和步骤的流程。

6.1　项目集治理实践

6.1.1　项目集治理计划

为了促进设计与实施有效的治理，许多组织都对每个项目集的治理框架、职能和流程进行文档化描述。项目集治理计划对这些描述进行总结，它可以是一个独立文档，也可以是项目集管理计划中的一个小节。虽然组织通常会为每个项目集制订项目集治理计划，但某些组织可能使用单个项目集治理计划管理多个项目集。

项目集治理计划的目的是描述用于监督、管理和支持给定项目集的系统和方法，以及为确保这些系统和方法得到及时有效使用而设置的特定角色的职责。在整个项目集持续期间都要参照此计划，以确保项目集符合既定的治理期望和协议。项目集治理计划可根据在项目集持续期间取得的成果进行适当的修改。公认的良好做法是，确保将修改有效地传达给负责项目集治理和项目集管理的相关方。

6.1.1.1　角色和职责的定义

项目集治理计划描述治理参与者小组的结构和组成，定义关键相关方的角色和责任。该计划确定了谁将对关键决策类别和责任界限当责和握权。

6.1.1.2　规划的治理会议

项目集治理计划应包含预期的项目集相关治理会议、活动和关键里程碑的进度计划，例如计划的预期决策点审查（包括阶段关口审查）、项目集健康检查和要求的审计。它通过定义进度安排标准（例如，审查可能影响项目集方法或项目集资源需求的项目集成果），为其他治理会议或活动的进度安排提供指导。因此，项目集治理计划将影响项目集管理计划，定义项目集对治理交互和审查的要求。

6.1.1.3　其他内容

除第6.1.1.1节和第6.1.1.2节的描述和定义外，项目集治理计划还包含以下内容：

◆ **依赖关系、假设和制约因素。**治理关键依赖关系、假设和制约因素的列表，包括资源、预算和运营限制。

◆ **效益、绩效指标和测量。**用于评估项目集和评估组件实现效益的方法及指标的列表，以及对如何收集、合并和报告组件信息的描述（例如，平衡计分卡或仪表盘）。

◆ **支持服务。**确定需要相关治理支持的领域。其中包括对项目集持续期间使用的反馈和支持方法的描述。

◆ **相关方参与。**在项目集生命周期和治理活动期间应参与和沟通的相关方列表（详见第5章）。

◆ **治理实践。**项目集治理计划还将涵盖第6.1.2节至第6.1.12节所述的实践预期设计与实施。

6.1.2　项目集治理和愿景与目标

组织的愿景和目标为推动大多数项目集定义的战略任务提供了基础。项目集治理确保其职权范围内的任何项目集都能确定其愿景和目标，以便有效支持组织的愿景和目标。

6.1.3 项目集批准、支持和定义

在大多数组织中，项目集治理概述了批准每个项目集的方法的职责，并计划如何实现项目集和组织目标，以及授权使用资源支持组件和其他项目集实现上述方法。这些批准发生在项目集定义阶段，并借助两个项目集工件促进其执行：

- **项目集商业论证。** 作为项目集预期交付效益的正式预测，证明为交付效益所耗费资源的合理性。关于项目集商业论证的更多信息，请参见第3.1节。

- **项目集章程。** 授权项目集管理团队使用组织资源实施项目集，并将项目集与其商业论证和组织战略重点联系起来。关于项目集章程的更多信息，请参见第3.2节。

项目集治理有助于项目集资金达到支持已批准的商业论证所需的程度。通常，项目集资金是通过由负责监督若干项目集的论坛所控制的预算流程来提供的。在这些情况下，按照项目集需求和组织优先级的方式提供项目集资金，这可以通过组织的项目组合管理流程来确定。

当项目集资金需要从外部资源获得时，项目集治理通常负责达成适当的协议，以确保获得资金。由于法律、法规或其他限制，资金可能有限制其使用的制约因素。

6.1.4 项目集成功标准

治理（可能在组织、项目组合或项目集层面）为成功的项目集建立可接受的最低标准，以及衡量、沟通和支持这些标准的方法。这些标准描述符合关键项目集相关方期望和需求的成功定义，加强了项目集的一致性，以尽可能实现最大效益。

6.1.5 项目集监督、报告和控制

项目集治理参与者具有独特的定位，可监督项目集达成组织目标的进度，同时与项目集经理合作，从而尽可能提高项目集的成功机会。

为了支持组织监督项目集进度，并加强组织评估项目集状态和与组织控制的一致性的能力，许多组织定义了适用于所有项目集的标准化报告和控制流程。项目集治理负责强制项目集遵守这些流程。报告和控制文件可包括：

◆ 项目集、组件及相关活动的运行状态和进度；

◆ 预期或已产生的项目集资源需求；

◆ 已知项目集风险、应对计划和上报标准；

◆ 战略和运营的假设；

◆ 效益实现和预期的维持；

◆ 决策标准、跟踪和沟通；

◆ 项目集变更控制；

◆ 遵守公司和法律政策；

◆ 项目集信息管理；

◆ 问题和问题应对计划；

◆ 项目集资金和财务绩效。

6.1.6 项目集风险和问题治理

有效的风险和问题管理实践，可确保关键风险和问题得到适当上报，并及时解决。上报流程通常在两个层面上进行：(a) 在项目集内，在组件团队、项目集管理团队与项目集指导委员会之间；(b) 在项目集外，在项目集管理团队、项目集指导委员会和其他相关方之间。组织应对各级风险和问题升级的期望进行记录和传达，以确保组织明确定义其对治理相关方在适当时间参与的要求，以实现有效的风险和问题管理。

根据组织的风险偏好，与组织治理和项目集管理团队合作，使项目集治理可确定项目集风险临界值，以确保在整个项目集内遵守临界值限制。

6.1.7　项目集质量治理

项目集质量治理对于项目集的成功至关重要。质量管理计划通常在组件层面执行，因此也在该层面上进行治理。治理参与者负责审查和批准质量管理的方法和质量衡量的标准。某些情况下，治理参与者可定义这些措施，其中包括：

◆ 适用于项目集所有组件的最低质量条件和标准；

◆ 对组件质量计划、质量控制和质量保证的最低要求；

◆ 项目集层面所需的任何质量保证或质量控制活动；

◆ 项目集层面所需的质量保证和质量控制活动的角色及职责。

基于给定组件的复杂性和不确定性，组件层面的质量控制活动可能有所不同。项目集质量管理活动详见第 8 章。

6.1.8　项目集变更治理

项目集治理在项目集变更授权中起着关键作用。项目集指导委员会负责定义由项目集经理独立授权批准的变更类型，以及在批准前需要进一步讨论的重要变更。实施监督、报告和控制措施后，治理参与者应具备良好的条件来评估针对项目集的计划方法或活动的建议变更。

项目集经理评估与潜在变更相关的风险是否可接受或值得接受，建议的变更在操作上是否可行，在组织上是否可支持，以及变更是否重要到需要项目集指导委员会批准。随后，项目集经理针对需要项目集治理参与者通过项目集指导委员会批准的变更提出建议。项目集治理可授权变更的范围，并受到项目集商业论证和组织战略的限制。项目集团队记录建议的变更、变更理由和变更结果。项目集变更治理活动详见第8.2.1 节。

6.1.9 项目集治理审查

项目集治理支持在项目集生命周期中的关键决策点上对项目集的审查。这些审查通常在项目集的重要组成部分的发起或完成时进行，使项目集治理批准或反对项目集从一个重要组成部分进入另一个组成部分。这些审查还促进了在关键决策点上项目集所需的任何变更的审查和批准。

关键决策点发生在项目集阶段结束时。阶段关口审查是指为做出进入下个阶段、进行整改，或者结束项目集或项目集组件的决定，而开展的阶段末审查。项目集治理通过这种审查，能够决定批准或反对项目集从一个重要阶段进入另一个重要阶段。

项目集治理支持决策点审查及其具体目标，其中可能包括对以下方面的评估：

◆ 项目集及其组件与项目集和组织的既定目标的战略一致性；

◆ 项目集组件活动的成果，以评估项目集效益实际达成情况（相对于计划）以及为响应上述成果而对项目集计划做出调整的潜在需求；

◆ 项目集面临的风险，确保风险保持可接受的水平，并为项目集治理提供机会以帮助应对风险；

◆ 项目集资源需求和组织承诺以及兑现承诺的能力；

◆ 相关方对当前项目集绩效的满意度；

◆ 外部（环境）发展对项目集战略和计划的潜在影响；

◆ 项目集与组织质量或流程标准的一致性；

◆ 对于作为组织项目组合管理活动组成部分的、战略优先级排序或运营投资至关重要的信息；

◆ 为加快项目集进度应该解决的问题；

◆ 为进一步改善项目集绩效和提高成功的可能性，可能需要对项目集要素进行的变更；

◆ 对退出前一阶段和进入随后阶段的标准的满足情况。

为支持组织的决策需求，还可进行其他审查，例如，为支持项目组合管理或预算流程而进行的项目集审查。

通过审查，项目集指导委员会有机会确认按定义对项目集的继续提供支持，或者对项目集战略的适应性变更提出建议，并且提高项目集达成和交付预期效益的能力。

有时，决策点审查可能导致项目集终止（例如，由于若干原因，确定项目集不可能实现其预期效益，在投资层面无法得到所需的支持，或者按照项目组合审查的决定不应继续实施项目集）。

项目集审查的频率和审查的具体要求可能反映项目集团队对项目集进行监督和管理的自主权。项目集治理审查的期望应在项目集治理计划中详细说明。

6.1.10　项目集定期健康检查

项目集定期健康检查通常在决策点审查之间进行，旨在评估项目集在实现和维持效益过程中的持续绩效和进度。当预定的决策点审查间隔延长时，这种审查的重要性和作用会增加。项目集治理计划针对健康检查期间需要使用的进度计划、内容、参与者及评估（或指标）规定了相应的治理要求。

6.1.11　项目集组件启动和移交

如果启动某项目集组件，需满足以下条件，则该组件在启动之前通常需要获得项目集指导委员会的批准：(a) 引入其他治理机构负责监督和管理该组件。 (b) 对完成该组件所需的组织资源的坚定承诺。在寻求授权来启动这类组件时，项目集经理常常担任提议者。启动新项目集组件的批准通常包括：

◆ 开发、修改或再次确认商业论证；

◆ 确保执行该组件所需的资源的可用性；

◆ 定义或再次确认管理和实施组件的个人最终责任；

◆ 确保向关键相关方传达关于组件的重要信息；

◆ 确保在项目集层面针对组件制订质量控制计划（必要时）；

◆ 授权治理机构根据目标跟踪组件的进度。

管理组件内活动所使用的方法，通常取决于组件的特定性质。例如，组件项目应该根据《PMBOK® 指南》所定义的项目管理原则和实践进行管理，而其他项目集应按照本标准定义和描述的原则进行管理。

在启动新组件后，应该更新该组件的所有项目集层面的文档和记录，以反映对受影响组件的任何变更。

各个项目集组件的移交和收尾通常需要获得批准。对项目集组件移交或收尾建议的审查通常包括：

◆ 确认已经充分满足组件的商业论证要求，或者应停止进一步追求组件的目标；

◆ 确保在项目集层面针对组件的收尾与关键相关方进行适当的沟通；

◆ 确保组件符合项目集层面的质量控制计划（必要时）；

◆ 评估组织层面或项目集层面的经验教训，作为组件移交绩效的结果；

◆ 确认项目或项目集移交或收尾的、所有其他公认的实践已得到满足。

6.1.12 项目集收尾

项目集指导委员会对项目集收尾的建议进行审查并做出决定。它评估项目集所根据的条件是否满足，以及项目集的收尾建议是否与当前的组织愿景、使命和战略一致。另一种情况是，项目集可能被终止，原因是组织战略或环境发生变化导致项目集效益或需求减少。无论出于何种原因而终止项目集，都应执行收尾程序。通常用于项目集收尾的实践和流程详见第 7.1.4 节。

在项目集收尾时，将项目集治理有效移交至运营治理非常重要，这将直接影响所实现的效益（见第 4.4 节）。在收尾期间，最终的项目集报告由治理参与者批准。

6.2 项目集治理角色

在负责项目集治理和项目集管理的人员之间建立适当的合作关系，对于项目集成功实现组织所期望的效益至关重要。项目集经理依赖项目集指导委员会（也称为项目集治理委员会、监督委员会或董事会）的成员来建立组织条件，以便有效地实施项目集，并在项目集的需求与其他项目集、项目或持续运营活动的需求发生冲突时，解决项目集中不可避免出现的问题。

在项目集指导委员会与项目集经理之间建立合作关系，对于组织取得成功也至关重要。根据项目集章程，在项目集指导委员会授权下，项目集经理为达成组织目标而承担有效管理项目集的职责和最终责任。

项目集治理结构的最佳定义方式是针对各个组织的需求和项目集本身的要求。全面的项目集治理模型应仔细考虑项目集及其所在的组织环境。但是，在组织内部，项目集治理和项目集管理职能之间的关系，往往是通过将重要角色分配给作为这些职能的一部分并被公认为重要相关方的个人来管理的。有关项目集治理绩效领域的设计中所考虑因素的更多详情，请参见第 6.3 节。

虽然设计、参与者和实现项目集治理的角色将根据组织中的项目集而特制，但通常包括以下角色：

◆ **项目集发起人。**为项目集提供资源和支持，并负责为项目集的成功创造条件的个人或团体。

◆ **项目集指导委员会。**代表不同项目集相关利益的参与者团体，其根据授权，通过治理实践为项目集提供指导、支持和审批。成员通常来自组织团队的高管，他们支持该项目集组件和运营。

◆ **项目集管理办公室（PMO）。**对与项目集相关的治理流程进行标准化，并促进资源、方法论、工具和技术共享的一种管理机构。

◆ **项目集经理。**在机构、组织或公司中，对项目集的领导力、实施和绩效负责的个人。在治理环境中，该角色与项目集指导委员会和发起人对接，负责管理项目集，以确保实现预期的效益。

◆ **项目经理。**由执行组织委派，领导团队实现项目目标的个人。在治理方面，该角色与项目集经理和项目集发起人对接，并管理项目的产品、服务或成果的交付。

◆ **其他相关方。**这些相关方包括项目集所在项目组合的项目组合经理，以及接受项目集交付能力的运营经理。

以下各角色的职责分配仅供参考。项目集治理绩效领域的各种活动的开展将履行这些职责，并且角色之间的职责分配往往取决于若干设计因素（见第 6.3 节）。

6.2.1　项目集发起人

项目集发起人是负责承诺将组织的资源应用于项目集，并致力于使项目集取得成功的个人。项目集发起人角色往往由项目集指导委员会的一名高管担任，此人在指导组织和投资决策方面发挥着重要作用，并且亲自为相关组织的项目集的成功做出贡献。在许多组织中，项目集发起人担任项目集指导委员会的主席，负责分配和监督项目集经理的工作进度。

项目集发起人的典型职责包括：

◆ 为项目集提供资金，确保项目集目标与战略愿景保持一致；

◆ 使效益实现交付；

◆ 消除阻碍项目集取得成功的困难和障碍。

作为项目集指导委员会的成员或主席，项目集发起人的职责是不可或缺的。组织必须选择适当的项目集发起人，然后使其有效地履行职责。发起人应有足够的时间和资源来促成项目集的成功，这往往需要发起人从其他管理和执行职责中脱身。

发起人的才干、经验和可用性会影响项目集的有效性，在某些情况下，这将是项目集成功与否的关键。项目集发起人通常需要在整个组织中推动变更，以便运营能够纳入项目集提供的能力，确保可用的正面效益，并且管理负面效益的处理。因此，发起人是沟通工作和相关方流程中不可或缺的角色。通常，有效的发起人具有以下属性：

◆ 影响相关方的能力；

◆ 跨不同相关方群体开展工作、找到互利的解决方案的能力；

◆ 领导力；

◆ 决策权；

◆ 有效的沟通技巧。

6.2.2 项目集指导委员会

大多数组织通过建立项目集指导委员会来确保项目集得到适当治理，由该委员会负责定义和实施适当的治理实践。项目集指导委员会通常由个人或集体认可的、具有组织洞察力和决策权的人员组成，这点对于制定项目集目标、战略和运营计划至关重要。项目集指导委员会通常由高管级相关方组成，他们被选中的原因在于拥有相应的战略洞察力、技术知识、职能职责、运营终责、管理组织项目组合的职责，以及代表重要相关方群体的能力。项目集指导委员会往往包括负责支持项目集重要元素的职能部门的高级领导人，例如，负责支持项目集组件的组织高管和领导。项目集指导委员会配备的人员应能促进项目集治理绩效领域中所描述的活动，有效解决项目集执行期间可能出现的问题。项目集指导委员会应确保项目集在具有适当组织知识和专业知识的环境中实施，获得一致的政策和流程的有力支持，并得到拥有决策权的人员的积极推动。

其典型职责包括：

◆ 为项目集提供治理支持，包括监督、控制、整合和决策职能；

◆ 提供有能力的治理资源，监督与效益交付相关的项目集的不确定性和复杂性；

◆ 确保项目集目标和规划的效益符合组织战略和运营目标；

◆ 举行计划会议，确认项目集，并为项目集进行优先级排序和提供资金；

◆ 支持或批准项目集的建议和变更；

◆ 解决并补救上报的项目集问题和风险；

◆ 提供监督，使项目集效益得以规划、衡量并最终达成；

◆ 领导决策的制定、施行、执行和沟通；

◆ 定义要传达给相关方的关键信息，并确保其保持一致、透明；

◆ 审查预期效益和效益交付；

◆ 批准项目集收尾或终止。

在小型组织中，可能由一名高级管理人员承担项目集监督委员会的职责。

建立一个委员会，由其维护并最终负责组织内所有项目集监督的关键要素，这是提供有效和适应性治理监督的最有效手段。然而，在某些情况下，某些项目集可能需要向多个指导委员会报告。例如，由私营和政府组织共同发起和监督的项目集；作为其他情况下为竞争性关系的私营组织之间的合作而进行管理的项目集；处于极其复杂的环境中，主题专家无法有效组成一个项目集指导委员会的项目集。在这些情况下，必须在项目集治理计划中明确规定项目集治理的制度和方法，以及项目集决策权限。

6.2.3 项目集管理办公室

项目集管理办公室（PMO）负责促进治理实践。它是对与项目集相关的治理流程进行标准化，并促进资源、方法、工具和技术共享的一种管理机构。它提供专业技能，通过使用训练有素的员工来进行项目集治理实践，从而为项目集提供监督、支持和决策能力。项目集管理办公室的角色可以扩展到监督项目集管理实践的合规性。

项目集管理办公室的设计和组建应根据其环境而定制。例如，实施特大规模的复杂项目集的组织可能建立多个项目集管理办公室，其中每个项目集管理办公室专门致力于实施组织的一个或多个关键项目集。

另外，实施多个项目集的组织往往设立一个项目集管理办公室，将其作为项目集治理实践中的正式卓越中心，服务于不同项目集组成的项目组合，以此确保组织项目集的管理和治理可实现高度的一致性和专业性。对于任何项目集，既可以建立项目集管理办公室，也可以利用现有的职能部门。根据项目集的背景，可为项目集管理办公室分配具有特定技能的人员，如变更和效益管理专家。

有时，项目集管理办公室的职能可能委托给一位对项目集管理和治理实践具有良好认识的经理，或者直接交给一位负责监督组织项目集的项目集经理。有关项目集管理办公室的更多信息，请参见第1.9节。

6.2.4 项目集经理

项目集经理是负责管理和监督项目集与项目集治理职能交互的个人。

项目集经理经授权代表项目集指导委员会做出决策。对于这种约定授权之外的决策，项目集经理需要获得项目集指导委员会的授权。很多因素都可能影响授予项目集团队的权限，包括项目集经理的经验、项目集及其组件的规模和复杂程度，以及在较大组织环境中管理项目集所需的协调水平。

项目集经理应确保项目集的目的和目标与组织的整体战略目标保持一致。与治理相关的典型职责包括：

◆ 评估治理框架，包括组织结构、政策和程序，并在某些情况下，建立项目集治理框架；

◆ 监督项目集与治理政策和流程的一致性；

◆ 管理项目集与指导委员会和发起人的交互；

◆ 管理项目集组件间的相互依赖关系；

◆ 监督和管理项目集的风险、绩效和沟通；

◆ 管理项目集的风险和问题，并将超出项目集经理控制的关键风险和问题上报给指导委员会；

◆ 监督和报告项目集的整体资金及健康情况；

◆ 评估项目集的成果，并请求指导委员会的授权来变更项目集整体战略；

◆ 创建、监督及沟通项目集的综合路线图和内外部的关键依赖关系；

◆ 管理、监督和跟踪整体项目集效益的实现。

通过授权和启动组件来实现项目集目标和交付效益。在母项目集指导下的组件授权，在概念上与其项目集指导委员会对母项目集本身的授权相同。因此，项目集的职能与治理委员会类似。项目集经理和项目集团队可能对通常称为组件治理的治理职能负责。在这个角色中，项目集经理负责定义用于监督和管理项目集组件的框架、职能和流程。在各个组织中，针对组件的监督和母项目集提供的机制，向项目集经理授予的自主程度有所不同，有时，在一个组织中的不同项目集之间，项目集经理的自主程度也有所不同。虽然有些组织选择与针对母项目集描述的相同项目集治理结构来管理组件，但其他组织允许母项目集对项目集组件的治理承担独立责任。在这种情况下，项目集经理可能负责建立管理框架，以管理母项目集内的组件。

有关项目集经理角色的更多信息，请参见第1.7 节。

6.2.5　项目经理

在项目集的背景下，项目经理的角色一般是指负责监督或管理项目的个人，这个项目是项目集的组成部分。在这种情况下，项目经理的职责采用《PMBOK®指南》的规定。具体职责包括有效规划、执行和跟踪项目集组件项目，以及按照项目章程和项目集管理计划中所定义的交付项目成果。在此方面，项目经理受到项目集经理（类似于项目集指导委员会的角色）和项目集团队的组件治理监督。虽然这种项目经理的角色并不一定是项目集治理的中心，但其治理的相关职责通常包括：

- ◆ 管理项目与项目集经理、指导委员会和发起人的交互；
- ◆ 监督项目与治理政策和流程的一致性；
- ◆ 监督和管理绩效与沟通；
- ◆ 管理项目风险和问题，并将超出项目经理控制范围的关键风险和问题上报给项目集经理、发起人或指导委员会；
- ◆ 管理项目的内外部依赖关系；
- ◆ 促进关键相关方的参与。

6.2.6　其他相关方

若干其他相关方可能担任项目集治理的相关角色。按照组织实现预期效益的计划，项目组合经理可能在确保项目集的遴选、优先级排序和人员安排等方面担任角色。

随着项目集的实施，将由业务代表（如职能代表和产品负责人）确保项目集的方向与终端客户可能不断变化的需求保持一致。

当项目集向组织交付能力时，只有在组织准备好将这些能力整合到其运营中的情况下，才能实现预期或潜在的效益。运营经理通常负责接收和整合其他项目集组件交付的能力，以实现预期的组织效益。通常，这种整合在最初会导致运营中断，但从长远来看，将会获得一种不同于之前环境的稳定状态。因此，能力的有效整合对于组织和项目集取得成功非常重要。被分配负责管理这种变更的人员应为运营经理提供支持。这类变更管理人员可以是发起人、接收业务领域的代表、项目集经理、项目经理，在很多情况下都是管理业务变更的专家。这种角色将为第6.1节描述的治理实践提供信息支持并执行这些实践，因此具有治理影响力。通常，担任此角色的人将得到相应业务领域团队提供的支持。

其他与治理相关的角色包括该领域某些方面的专家，如风险专家、买方及合同专家，以便制定和治理与第三方供应商的协议。

6.3　项目集治理的设计与实施

项目集治理从识别治理参与者和建立治理实践开始。项目集治理还需要对如何遴选相关治理角色和履行职责定义具体的期望。治理实践可能因组织所在部门或行业的不同而有所不同。对于诸如国家或地方政府、航空航天与国防、银行与金融及药物开发等不同领域，项目集治理可能因独特的政治、监管、法律、技术和竞争环境而具有显著不同的需求。然而，在各种情况下，项目集发起组织都将寻求实施治理实践，使组织能够监督项目集对组织战略的支持。

有效的治理将确保战略调整得以优化，并且项目集按预期交付目标效益。治理参与者还将确认所有相关方都适当参与，以及确定和有效利用适当的支持工具和流程。治理实践将奠定相应基础，以确保理性地做出合理决策，并且职责及最终责任得到明确界定和履行。所有这些活动都将在项目集发起组织和合作伙伴组织的政策和标准范围内完成，并通过衡量获得一致性。

项目集治理设计会对项目集的成功产生至关主要的影响。在极端情况下，不当治理产生的问题可能比缺乏治理还多，因为不当治理可能在项目集的一致性、进度和成功方面给人造成错觉。在设计项目集治理的规则和框架时需要考虑很多因素。对项目集治理进行优化和裁剪时，需要考虑的常见因素包括：

◆ **立法环境。** 受立法变化影响显著的项目集可能受益于旨在与立法当局直接互动的治理。在其他情况下，交互是由公司治理部门代表该项目集执行的。

◆ **决策层级。** 决策权在能力、最终责任和职权方面保持匹配是至关重要的。这方面非常复杂。例如，在组织中，如果员工最终无须对自身行为承担终责，或是不知道自己要为自身行为承担终责，则这种组织更需要控制实践。其他情况下，德高望重、成就非凡、富有经验的项目集经理和团队可能获得的自主权和决策权要高于一般项目集经理。

◆ **优化治理。** 一般而言，合理的做法是，在不影响各领域实践执行能力的同时，项目集治理的规模应优化并尽可能精简。这种做法将使角色清晰，使组织有效和有针对性地提供支持，最终快速有效地进行决策、支持和审批。项目集治理不应重复项目集管理活动。

◆ **应与项目组合和组织治理保持一致。** 项目集治理受其所支持的项目组合治理的影响。项目集治理与组织治理保持一致的程度要根据项目集治理与组织和治理的交互的数量、类型和相对重要性决定。通常，在项目集定义阶段，由于项目集治理和项目集本身正处于构建中，因而与组织治理保持一致的需求最大。

◆ **项目集交付。** 定期向组织交付效益的项目集与最终一次交付全部或大部分效益的项目集所需要的治理可能有所不同。定期交付效益可能需要组织运营的不断变更，管理这种变化的治理在整个生命周期中都至关重要。

◆ **合同。** 与由外部交付的项目集相比，由项目集接收组织的员工管理和配备人员的项目集需要不同的治理水平，在这种情况下，法律协议的管理需要关注不同的治理重点。

◆ **失败风险。** 对项目集失败的感知风险越大，治理团队越有可能更加努力地监督项目集进度和所取得的成功。这可能体现在项目集健康检查频率较高，给予项目集团队的决策权较小。

◆ **战略重要性**。高价值的项目集对组织的成功至关重要，其交付的效益需要与组织战略完全一致，其治理团队可能需要不同的参与者或更资深的参与者。

◆ **项目集管理办公室（PMO）**。在许多基于项目或项目集的组织中，会集中设立项目集管理办公室，为该组织所有项目集的治理提供支持。在其他组织中，可能专门为某一项目集建立项目集管理办公室。

◆ **项目集资金机构**。如果从交付组织以外获得资金，如世界银行，则可能影响治理设计和所需技能。

除了这些因素，项目集生命周期的阶段也会影响项目集治理，因为随着项目集的进展，不同治理实践的相对重要性也有所不同。相应的治理设计应及时地与所需的实践保持一致。

由于第6.3节所述的因素，在项目集治理优化中需要考虑很多因素。一旦项目集治理得以设计和实施，重要的是运用机制来评估其有效性，并不断改进和优化它。

关于项目集治理在组织、项目组合和项目治理背景下的更广泛的讨论，请参见《项目组合、项目集和项目治理：实践指南》[7]。

7

项目集生命周期管理

项目集生命周期管理是指为促进有效的项目集定义、项目集交付和项目集收尾，管理所需项目集活动的绩效领域。

本章内容包括:

7.1　项目集生命周期

7.2　项目集活动与整合管理

为了确保实现效益，项目集各组件要与组织战略目的和目标保持必要的一致性。这些组件可能包括项目、子项目集和其他项目集相关活动，它们对实现特定目的和目标必不可少。由于项目集本质上涉及一定程度的不确定性、变更、复杂性和各组件之间的相互依赖性，因此，建立一套适用于不同阶段的且通用和一致的过程将非常有用。这些相互独立的阶段有时可能重叠，共同构成项目集生命周期。项目集生命周期管理跨越项目集的整个持续时间，服务于其他项目集领域及支持项目集活动，并与之整合。

7.1　项目集生命周期

项目集的职能在项目集的定义、效益交付及项目集的收尾方面与项目类似。不过，与项目不同，项目集涉及多个组件的协调和排序，超过了单个项目层面的要求。在项目集生命周期中被执行的活动取决于项目集的具体类型，通常在资金获得批准或项目集经理被指定之前开始。往往需要付出相当大的努力才能定义和批准项目集。有关项目集战略一致性和项目集治理的更多信息，请参阅第 3 章和第 6 章。

在项目集交付期间将授权、规划和执行各组件，并交付效益。随后，在期望的效益或项目集目标得以实现，或者指导委员会决定应该终止项目集时，项目集指导委员会批准项目集收尾。提前终止的原因可能是组织战略发生变更，导致项目集与之不再一致，或者经评估发现可能无法实现计划效益。

7.1.1 项目集生命周期阶段概述

项目集的持续时间往往很长，可能要几年，某些情况下甚至要几十年。无论持续时间长短，所有项目集都遵循类似的轨迹。

为成功向组织交付效益，项目集要分为以下三个主要阶段实施：

◆ **项目集定义阶段**。这个阶段包括，为达成预期成果而需要实施的授权项目集，以及制定项目集路线图的项目集活动。制定项目集商业论证和项目集章程都是项目集定义的一个部分。上述内容批准后，则要制订项目集管理计划。

◆ **项目集交付阶段**。这个阶段包括，为产生项目集管理计划各组件的预期成果而进行的项目集活动。此阶段将启动、计划、执行、移交和收尾的项目集各组件，同时交付、移交并维持效益。

◆ **项目集收尾阶段**。这个阶段包括，为将项目集效益移交给维护组织，并以可控的方式正式结束项目集所必须进行的项目集活动。在项目集收尾期间，项目集移交和收尾，或者提前终止，或者工作将移交给另一个项目集。

图 7-1 显示了项目集生命周期的组成阶段。这些阶段将在第 7.1.2 ～ 7.1.4 节中进一步说明。

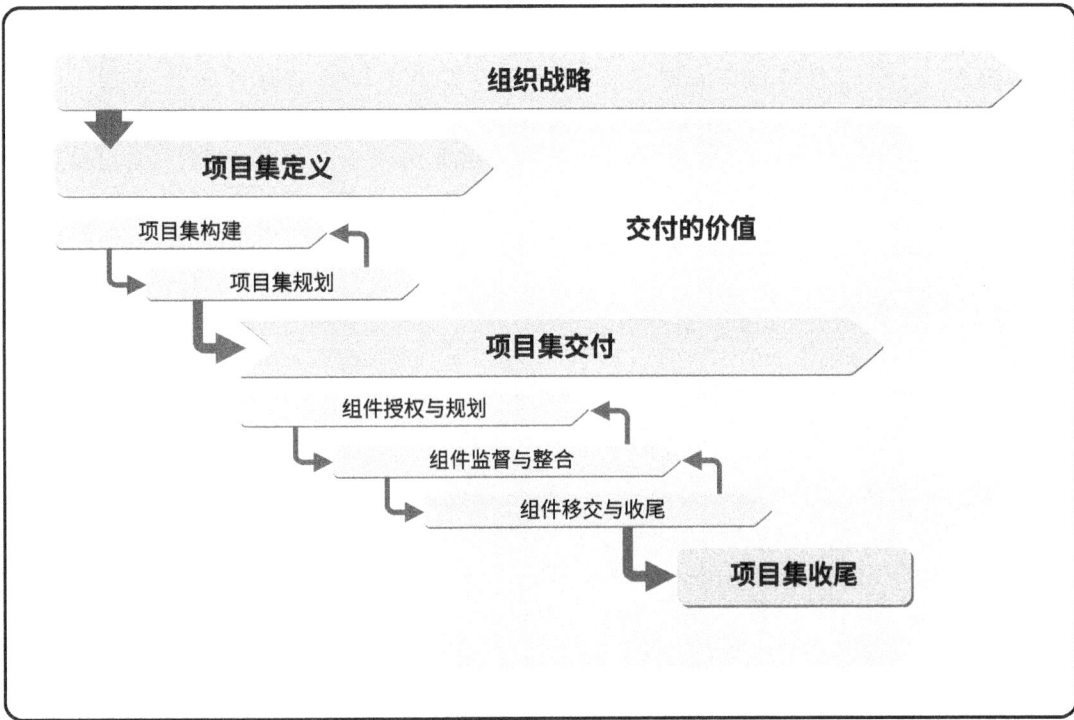

图 7-1　项目集生命周期的组成阶段

7.1.2　项目集定义阶段

项目集定义阶段包括为达成预期成果而需要实施的授权项目集和制定项目集路线图的项目集活动；它通常包括为根据组织实现战略目标的计划，或者在组织项目组合中实现预期状态而执行的活动。在项目集定义阶段开始之前，项目组合管理机构可能执行若干活动。项目组合管理活动会制定概念（产品、服务或组织成果）、范围框架、初始需求、时间表、可交付成果和可接受的成本指导原则。

项目集定义阶段的主要目的是逐步说明项目集要达成的目的和目标，确定预期的项目集结果和效益，并为项目集寻求批准。项目集的定义一般分为两个相互重叠但截然不同的子阶段：项目集构建和项目集规划。在项目集构建过程中将遴选和指定项目集经理。

7.1.2.1 项目集构建

项目集构建涉及制定项目集商业论证，阐述项目集为支持战略计划所要实现的总体预期效益。在此子阶段，发起组织还将指定项目集发起人来监督和治理项目集。发起人的主要职责包括为项目集筹措资金并选择负责实施和管理项目集的项目集经理。项目集经理的指派及其角色、职责、和组织接口的定义应尽早确定，因为需要项目集经理有效地指导项目集构建活动，并促进达成所需的成果。为了演示项目集如何交付理想的组织效益，发起人、发起组织和项目集经理将在以下活动中密切合作：

◆ 开展研究，估算范围、资源和成本；

◆ 开展初步风险评估；

◆ 制定项目集章程和路线图。

对范围、资源和成本进行研究，以评估组织交付项目集的能力。此时，通过将备选项目集与其他组织计划进行比较，从而确定备选项目集的优先级。如果项目组合管理职能并未开发这些信息，那么它们就将成为创建商业论证的关键输入。如果商业论证在项目集构建之前已制定，就会有相应的修改和更新。此外，为分析威胁和机会，还要进行初步风险评估。这种分析有助于确定项目集成功交付组织效益的可能性，并帮助确定风险应对策略和计划。有关项目集风险的更多信息，请参见第 8 章。

项目集章程是项目集指导委员会为决定是否授权项目集而进行审查的主要文档。批准章程即正式授权启动项目集，为项目集经理提供将组织资源应用于项目集活动的职权，并将项目集对接到组织正在进行的工作和战略优先级排序中。如果项目集未得到授权，则应记录有关信息，保存在经验教训存储库中。

项目集章程的内容通常由以下问题及其答案组成：

◆ **合理性**。项目集为什么重要，它将达成什么目标？

◆ **愿景**。项目集的最终状态是什么？它将如何使组织受益？

◆ **战略一致性**。关键战略的驱动因素是什么？项目集与组织战略目标和其他任何正在实施的战略计划有何关系？（关于项目集战略一致性的更多信息，请参见第 3 章。）

◆ **效益**。实现项目集目标和效益所需的关键成果是什么？

◆ **范围**。项目集包括哪些内容？哪些内容被认为超出了高层级范围？

◆ **效益战略**。确保实现计划效益的方法是什么？（关于项目集效益管理的更多信息，请参见第4章。）

◆ **假设条件和制约因素**。需要考虑哪些假设、制约因素、依赖关系和外部因素？它们如何塑造或限制项目集的目标？

◆ **组件**。怎样配置项目和其他项目集组件才能交付项目集和预期效益？

◆ **风险和问题**。在项目集路线图编制过程中发现的初步风险和问题有哪些？

◆ **时间表**。项目集总共持续多长时间（包括所有关键里程碑日期）？

◆ **所需资源**。估算的项目集成本与资源需求（如人员、培训、差旅等）有多少？

◆ **相关方考虑因素**。关键相关方有哪些？谁是最重要的相关方？促进他们参与的初步策略是什么？这些信息将有助于制订沟通管理计划。（有关项目集相关方参与的更多信息，请参见第5章。）

◆ **项目集治理**。管理、控制和支持项目集的建议治理机构是什么？指导和监督项目集组件的建议治理结构（包括报告要求）是什么？项目集经理拥有哪些职权？该信息将在项目集治理计划中更新。（有关项目集治理的更多信息，请参见第 6 章。）

在整个项目集定义阶段，随着商业成果得以衡量而且计划成果日趋明确，项目集构建的输出可能持续更新。

7.1.2.2　项目集规划

项目集章程获得项目集指导委员会正式批准后，开始执行项目集规划。此阶段将建立治理机构、定义初始项目集组织，并组建团队，着手制订项目集管理计划。项目集管理计划是一份整合各个项目集子项目计划的文件，它为整合和管理项目集的各个组件建立管理控制和总体计划。这些控制措施利用从组成项目中收集和整理的信息来衡量项目集管理计划的绩效。其主要目的是确保项目集持续地与组织的战略优先级保持一致，以实现预期效益。项目集管理计划将根据组织战略计划、商业论证、项目集章程、路线图和项目集构建的其他任何输出而制订。

该计划是项目集计划期间创建的关键输出，可以合并为一个计划，也可以是包含以下子文档的多个计划：

◆ 效益管理计划（见第4.2.1节）；

◆ 相关方参与计划（见第5.3节）；

◆ 治理计划（见第6.1.1节）；

◆ 变更管理计划（见第8.1.2.1节）；

◆ 沟通管理计划（见第8.1.2.2节）；

◆ 财务管理计划（见第8.1.2.5节）；

◆ 信息管理计划（见第8.1.2.6节）；

◆ 采购管理计划（见第8.1.2.7节）；

◆ 质量管理计划（见第8.1.2.8节）；

◆ 资源管理计划（见第8.1.2.9节）；

◆ 风险管理计划（见第8.1.2.10节）；

◆ 进度管理计划（见第8.1.2.11节）；

◆ 范围管理计划（见第8.1.2.12节）；

◆ 项目集路线图（见第3.3节）。

项目集管理计划获得批准后，项目集交付阶段即可开始。然而，需要记住的是，这个计划的制订是一个迭代过程，因为它是在项目集生命周期早期编制的。关键因素（例如，商业目标、可交付成果、效益、时间和成本）的变化，可能导致相互冲突的优先级、假设与制约因素。为了应对这些制约因素，要针对项目集管理计划及其子项目计划进行更新和修订，并经由项目集治理绩效领域批准或否决。

项目集交付阶段从项目集管理计划经审查并正式批准后开始。项目集通常由项目集指导委员会授权。

7.1.3　项目集交付阶段

项目集交付阶段包括为达成项目集管理计划各组件的预期成果而进行的项目集活动。这个阶段被认为是迭代的而不是线性的，因为每个组件产生的能力都将被整合到整体项目集中，以促进预期项目集效益的交付。项目集管理团队提供监督和支持，以确保组件的成功完成。组件工作和活动整合在项目集框架下，以促进项目集效益的管理和交付。此阶段的工作包括项目集和项目集组件的执行。组件管理计划（包括成本管理、范围管理、进度管理、风险管理、资源管理等）是在组件层面上制订的（组件层面的工作），并且在项目集层面上进行整合（整合工作），以便与项目集方向保持一致，实现项目集效益的交付。通过组件间的交互达成目标，通过项目集管理变更，并减轻风险和解决问题，促进实现项目集的成果。

项目集通常具有很大的不确定性。尽管项目集管理计划和项目集路线图会记录项目集的预期方向和效益，但在项目集定义阶段，可能并不知道项目集的全套组件。为应对这种不确定性，项目集经理需要在整个阶段持续监督各组件，并在必要时重新进行适当整合或重新调整，通过适应变更以调整项目集方向的变化。项目集经理还应负责以一致和协调的方式管理这些组件，以实现组件分别管理所无法达成的成果。各项目集组件的实施将包括以下项目集交付子阶段：

◆ 组件授权与规划；

◆ 组件监督与整合；

◆ 组件移交与收尾。

当项目集治理确定已达到该阶段的具体标准或决定终止项目集时，项目集交付结束。

7.1.3.1　组件授权与规划

组件授权包括根据组织规定的特定标准和为各组件制定的各商业论证来启动组件。这些标准通常包含在项目集治理计划中。项目集治理绩效领域为授权组件导致的过程提供指导。需要通过一系列活动来验证组件是否能为实现项目集的成果提供适当的支持，是否与授权之前的组织战略和正在进行的工作保持一致。这些活动可能包括执行需求分析、进行可行性研究或制订计划，以确保项目实现预期效益。有关项目集治理的更多信息，请参见第6章。

在整个项目集交付阶段都应持续执行组件规划，以应对重大的重新规划或启动新组件请求（由请求组件提交）的事件。组件规划包括将组件整合到项目集中，以使各组件能够成功执行所需的活动。这些活动包括正式确定组件要完成的工作范围，并确定能达成项目集目标和效益的可交付成果。

各组件都有相关的管理计划。这些计划可能包括项目管理计划、移交计划，运营计划、维护计划或其他类型的计划，具体取决于所考虑的工作类型。各组件计划的适当信息将被整合到相关项目集管理计划中。其中包括项目集用于帮助管理和监督整个项目集进展的有关信息。

7.1.3.2　组件监督与整合

在项目集背景下，有些组件可能作为单个组件产生效益，而有些组件则可能要与其他组件整合才能实现相关效益。各组件团队都将执行相应计划和项目集整合工作。在整个活动中，各组件向项目集经理及其相关组件提供状态和其他信息，以便其工作能够整合到整体项目集活动中，并与之协调。项目集经理可能启动一个新组件来巩固多个组件的整合工作。缺少这一步，各组件也可能达成交付成果；但是，缺少协调交付，则可能无法实现效益。

7.1.3.3 组件移交与收尾

在生成可交付成果并协调其产品、服务或成果的成功交付后，项目集组件通常会按计划收尾，或者移交给运营或正在进行的工作。为实现持续的效益，组件移交将满足从项目集组件到运营支持职能的持续活动（如产品支持、服务管理、变更管理、用户参与或客户支持）需求。治理计划中应记录这些活动的执行标准和相关组织期望。

在项目集交付阶段结束前，对所有组件领域进行审查，以验证效益是否交付，并移交任何仍在执行中的项目和维持活动。在授权项目集正式收尾之前，由项目集发起人和项目集指导委员会审查最终状态。

7.1.4 项目集收尾阶段

项目集收尾阶段包括为将项目集效益移交给维护组织，并以可控的方式正式结束项目集所必须进行的项目集活动。在项目集移交期间，应咨询项目集指导委员会以确定以下事项：(a) 项目集是否已达成所有预期的效益，在组件移交期间是否已完成所有移交工作；(b) 是否有其他项目集或维持活动将监督该项目集章程所规定的持续效益。在第二种情况下，可能需要执行有关工作，将资源、职责、知识和经验教训移交给另一个维持实体。完成移交活动后，项目集经理将获得发起组织的审批，正式收尾项目集。关于此收尾阶段将执行的具体活动，详见第7.2.2.5 节。

7.2　项目集活动与整合管理

正如在第 1 章所定义的，项目集管理是指为实现计划的项目集目标，使项目和其他项目集等不同组件保持战略一致性。这个过程中所应用的实践用于优化或整合各组件的成本、进度计划和个别组件工作，以获得控制，在项目集层面而不是组件层面实现最大效益。

项目集活动与整合管理关注在整个项目集生命周期中通过集中利用资源、知识和技能，来有效部署多个组件。这个过程还包括针对以下方面的决策制定：

◆ 竞争性需求和优先级；

◆ 风险；

◆ 资源分配；

◆ 由于项目集范围的不确定性和复杂性导致的变更；

◆ 组件之间的相互依赖关系；

◆ 为满足项目集目标需执行的协调工作。

项目集活动与整合管理在本质上有周期性和迭代性，因为可能需要根据实际达成的成果和效益来重新调整项目集与战略优先级。

7.2.1　项目集活动概述

为整体项目集管理目的而在项目集中执行的所有工作统称为项目集活动。通常，项目集活动是相互依赖和互补的，因为一项特定活动所产生的可交付成果对于另一项活动的执行可能是必不可少的。这些活动的名称和描述可能与项目活动或过程类似，但其内容、范围和复杂程度是不同的。例如，项目风险管理活动关注项目执行和成功的风险，而项目集风险管理则还要关注上报的项目风险和项目集风险，而且要监督受影响的多个组件项目的相互依赖关系。

关于在项目层面活动中使用的过程和工具，请参见最新版《PMBOK® 指南》。通常，相应的项目集活动还将纳入更多输入，范围也更大。例如，单个组件项目的风险规划工作的成果将为项目集风险规划工作提供输入。风险控制将在组件层面和项目集层面上持续执行；项目层面的风险可能上报到项目集层面，或者可能产生累积效应，需要在项目集层面应对风险。

需要注意的是，项目集活动将直接支持各个组件，以确保组件活动有助于实现项目集目标。项目集经理在项目集层面监督项目层面创造的可交付成果是否直接有助于达成项目集效益和里程碑，以确保与项目集整体战略保持一致。组件层面活动的管理仍然由项目经理负责。

7.2.2　项目集整合管理

项目集整合管理是持续整个项目集生命周期的核心活动。它包括识别、定义、合并、统一与协调项目集多个组件的项目集活动。在整个项目集整合活动中，它将与其他项目集绩效领域有许多交互（见第 2 章）。本节重点介绍在整个项目集生命周期阶段中的以下活动及其执行时间：

◆ 项目集基础设施开发（见第7.2.2.1 节）；

◆ 项目集交付管理（见第7.2.2.2 节）；

◆ 项目集绩效监督与控制（见第7.2.2.3 节）；

◆ 效益维持和项目集移交（见第7.2.2.4 节）；

◆ 项目集收尾（见第7.2.2.5 节）。

7.2.2.1　项目集基础设施开发

项目集基础设施开发是为了调查、评估和规划支持结构，以帮助项目集实现其目标。此活动将在项目集定义阶段启动，并可能在项目集生命周期的任何时间重复进行，以更新或修改基础设施。

项目集基础设施开发主要有双重目的。既要为项目集及其组成部分建立管理资源，又要为其建立技术资源。这种基础设施是指用于管理项目集的人员和项目集的特定工具、设施和财务。

虽然项目集经理是在项目集定义期间指定的，但项目集管理核心团队将在建立项目集基础设施期间指定。指定的核心团队成员可能不一定为项目集全职工作；不过，这些关键相关方将有助于确定和开发项目集基础设施的需求。

对于许多项目集而言，项目集管理办公室（PMO）将是项目集基础设施的核心部分。它为项目集和组件工作的管理与协调提供支持。项目集管理办公室还应为组织内的项目集制定一致的政策、标准和培训。项目集基础设施的另一个关键要素是项目集管理信息系统（PMIS）。项目集管理信息系统包括用于信息收集、整合和沟通的工具，这些信息对于有效管理组织中的一个或多个项目集至关重要。有效的项目集管理信息系统包括以下部分：

◆ 软件工具；

◆ 文档、数据和知识库；

◆ 配置管理工具；

◆ 变更管理系统；

◆ 风险数据库和分析工具；

◆ 财务管理系统；

◆ 挣值管理活动和工具；

◆ 需求管理活动和工具；

◆ 所需的其他工具和活动。

这些资源是独立的，不同于管理项目集各个组件所需的资源。其区别在于，大多数资源和项目集成本的管理都是在组件层面，而不是在项目集层面进行的。

7.2.2.2　项目集交付管理

项目集交付管理包括项目集组件的管理、监督、整合和优化，这些组件将提供组织实现价值所需的能力和效益。这些活动在整个项目集交付阶段执行，涉及项目集组件的启动、变更、移交和收尾。

通常，项目集经理会负责提出启动新组件或项目的请求。项目集指导委员会根据组织批准的遴选标准对这种请求进行评估，利用治理职能来决定是否启动新组件。如果组件被批准，项目集经理则可能需要重新定义现有项目集组件的优先级，以确保优化资源分配和相互依赖关系的管理。根据项目集团队及其需求，可能根据项目集定义，延迟或加速组件的启动。在项目集交付过程中，为管理项目集绩效和项目集管理计划的任何变更，在项目集经理权限内的变更请求将被项目集经理批准或拒绝。

当项目集组件达到各自生命周期的终点，或者达到项目集层面计划的里程碑时，项目集经理将连同客户或发起人，共同提出项目集组件收尾或移交的请求。这种正式请求将提交项目集指导委员会审查和批准。组件移交的流程包括项目集路线图的更新。这些更新既要反映"推进/不推进"决策，也要反映批准的变更请求，它们将影响整个项目集主要计划阶段的高层级里程碑、范围或时间安排。

7.2.2.3 项目集绩效监督与控制

在交付管理期间，监督与控制活动由项目集层面和项目层面的组件共同执行。这些活动包括收集、衡量和传播绩效信息，以跟踪项目集目标的进度，评估项目集总体趋势。持续的监督使项目集管理团队能洞察项目集的当前健康状况，并识别须特别关注的方面。监督活动将决定是否控制以及需要何时控制活动（例如，采取纠正或预防措施），以使项目集与战略优先级继续保持一致。

根据项目集治理授权的临界值，除适应性变更外，还可在组件层面或项目集层面批准执行纠正或预防措施的请求。当请求超出既定的项目集层面临界值时，它们将被提交给项目集指导委员会批准。这种持续活动的典型输出包括项目集绩效报告和预测。

项目集绩效报告包括所有项目集组件的进度总结。它们描述项目集目标是否将会实现，效益是否将按计划顺利交付。这些报告通常提供关于已完成的工作的当前状态信息（特别是里程碑和阶段关口）、需要完成的工作、挣值，以及正在考虑的风险、问题和变更。预测使项目集经理和其他关键相关方能够评估实现计划成果的可能性，并根据当前可用的信息和知识对项目集的未来状态做出预测。

7.2.2.4 效益维持和项目集移交

一些项目集组件将立即产生效益，而另一些组件则需要交接或移交给其他组织才能实现持续的效益。效益可以通过运营、维护、新项目或其他计划和工作得以维持。这项活动超越单个项目集组件的范围，因为它通常在项目集收尾时执行。在这个子阶段，维持效益的管理可能需要移交给另一个组织、实体或后续的项目集。

7.2.2.5 项目集收尾

因为项目集章程得以实现，或者出现使项目集提前终止的内部/外部条件，项目集将收尾。这些条件可能包括商业论证中使项目集失去必要性的变更，或者确定项目集无法实现预期效益的判断。在收尾期间，效益可能已经完全实现，或者可能作为组织运营的一部分继续实现和管理。根据批准的商业论证、项目集实际成果以及组织当前的目标和战略目标来判断项目集是否成功完成。在项目集本身收尾之前，应完成或取消所有组件，并且所有合同都应正式关闭。一旦满足这些标准，项目集将收到来自项目集指导委员会的正式收尾批准。

作为项目集治理计划的一个部分，可能需要使用项目集最终报告来记录有关关键信息，用于促进未来项目集和组件项目取得成功。最终报告可以包括以下内容：

◆ 财务及绩效评估；

◆ 经验教训；

◆ 成功和失败经验；

◆ 识别的改进领域；

◆ 风险管理成果；

◆ 未预见的风险；

◆ 客户签署项目集结束；

◆ 项目集收尾的原因；

◆ 所有基准历史；

◆ 项目集文档存档计划。

项目集完成后，项目集管理团队将评估项目集的绩效，同时，进行知识转移，与组织共享经验教训。项目集最终报告也可以利用这些信息进行更新。经验教训应便于任何现有或未来的项目集获取，以促进持续学习，从而避免在其他项目集中发生类似问题。这种知识转移还包括向新的支持组织提供任何相关文档、培训或材料（更多信息，请参见第3.4.2.5 节和第8.2.4.1 节），作为对效益维持的补充。

项目集收尾时，必须确保正确释放项目集资源。这可能涉及重新分配或重新指定团队成员，以及为其他计划或项目集提供资金。在组件层面重新分配资源，可能包括将资源移交给另一个正在执行的组件，或者某个需要类似技能组合的组织的另一个项目集。关于组件项目的资源配置的更多信息，请参见《PMBOK® 指南》。

7.2.3　项目集生命周期与项目集活动的对应关系

　　表7-1列出了项目集管理生命周期的三个主要阶段与第8章讨论的项目集支持活动的对应关系。尽管在整个项目集生命周期中都会发生这些支持活动，但大部分工作都有对应的活动。对不同活动考虑的早期阶段，可能还需要进行非正式的预先计划。

表 7-1 项目集管理生命周期阶段与支持活动的对应关系

支持项目集活动	项目集生命周期阶段		
	项目集定义	项目集交付	项目集收尾
项目集变更管理	项目集变更评估 项目集变更管理规划	项目集变更监督与控制	
项目集沟通管理	项目集沟通评估 项目集沟通管理规划	项目集信息发布 项目集报告	
项目集财务管理	项目集初步成本估算 项目集成本估算 项目集财务框架制定 项目集财务管理规划	项目集成本预算 组件成本估算 项目集财务监督与控制	项目集财务收尾
项目集信息管理	项目集信息管理规划	经验教训	项目集信息存档与移交
项目集采购管理	项目集采购评估 项目集采购管理规划	项目集合同管理	项目集采购收尾
项目集质量管理	项目集质量评估 项目集质量管理规划	项目集质量控制	
项目集资源管理	项目集资源需求估算 项目集资源管理规划	资源相互依赖关系管理	项目集资源移交
项目集风险管理	项目集初步风险评估 项目集风险管理规划	项目集风险监督与控制 项目集风险识别 项目集风险分析 项目集风险应对管理	项目集风险移交
项目集进度管理	项目集进度评估 项目集进度管理规划	项目集进度监督与控制	
项目集范围管理	项目集范围评估 项目集范围管理规划	项目集范围监督与控制	

8

项目集活动

项目集活动是为支持项目集而开展的任务和工作，贯穿整个项目集生命周期。

本章内容包括：

8.1 项目集定义阶段活动

8.2 项目集交付阶段活动

8.3 项目集收尾阶段活动

鉴于项目集的范围和复杂性，在整个项目集生命周期中，将执行许多项目集支持活动。这些项目集支持活动在项目集层面的定义和术语与项目层面非常相似。然而，项目集活动将在更高层级进行，要涉及多个项目和其他项目集，还要处理项目集与组织战略之间的联系。项目集活动可以利用组件层面的信息，通常会将这些信息整合，以反映项目集的视角。

支持项目集管理和治理的项目集活动包括：

◆ 项目集变更管理；

◆ 项目集沟通管理；

◆ 项目集财务管理；

◆ 项目集信息管理；

◆ 项目集采购管理；

◆ 项目集质量管理；

◆ 项目集资源管理；

◆ 项目集风险管理；

◆ 项目集进度管理；

◆ 项目集范围管理。

项目集活动通过战略性方法实施规划、监督与控制，交付项目集的输出和效益。项目集管理支持活动需要与组织中的职能小组进行协调，但与单个项目类似的支持活动相比，项目集管理支持活动的背景要更为广泛。

8.1 项目集定义阶段活动

项目集定义阶段为项目集建立并确认商业论证，然后制订详细的项目集交付计划。这个阶段分为两部分：项目集构建和项目集规划。

8.1.1 项目集构建阶段活动

在项目集构建中，通过对高层级的范围、风险、成本和项目集预期效益进行评估，以确认项目集是一种实现组织战略目标的可行方法，并与组织战略目标保持一致。支持项目集构建的项目集活动往往是探索性的，其寻求若干可能的替代方案，以确保与组织战略和组织偏好保持一致的最佳方案得以识别并批准纳入项目集中。然而，在某些情况下，项目集构建得出的结论可能是，项目集的商业论证不够可靠，项目集被叫停。

图 8-1 说明了项目集构建阶段活动如何通过项目集整合管理的核心活动（见第7.2.2 节）为项目集商业论证和项目集章程制定做出贡献。

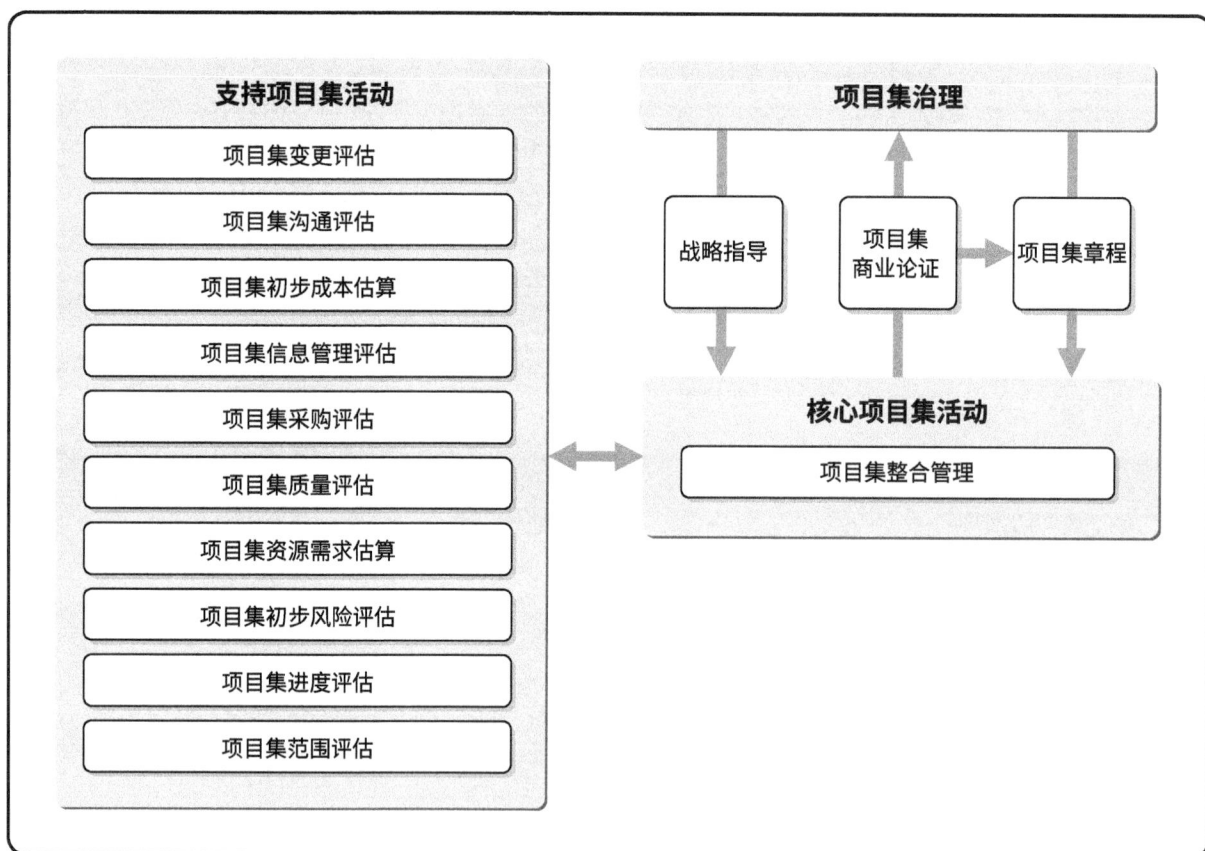

图 8-1　项目集构建阶段活动交互

8.1.1.1 项目集变更评估

在项目集构建过程中，会识别和评估潜在变更管理考虑事项，以帮助制定项目集商业论证。项目集变更评估确定了变更来源，例如，事业环境因素的波动性、建议的项目集商业论证对组织战略变化的敏感性，以及项目集交付过程中可能出现的组件变更的频度和幅度。随后，还要估算这些来源的变更的发生概率及可能造成的影响，并提出可以采取的措施，使项目集对这些变更做出积极应对，而不是造成破坏。

这项活动的输出为项目集变更评估，它也是项目集商业论证、项目集章程和项目集变更管理计划的输入。

8.1.1.2 项目集沟通评估

项目集沟通管理与项目沟通不同。它涉及的相关方更广泛，沟通需求差异很大，因此，需要采取不同的沟通方法和交付方法。

针对项目集沟通需求的初步评估是项目集章程的一项关键输入。由于项目集范围广泛，可能涉及大量的相关方，因此，与内外部相关方保持有效的沟通可以避免发生更严重的问题。项目集沟通作为项目集构建的一部分，有助于调查项目集相关方，识别其对项目集成果的期望，以及在项目集交付过程中保持知情和参与的兴趣。

这项活动的输出为项目集沟通评估，它也是相关方参与计划和项目集沟通管理规划的输入。

8.1.1.3 项目集初步成本估算

项目集商业论证的一个关键要素是项目集总体成本估算，以及对此估算的置信水平的评估。项目集定义阶段将进行初步成本估算，以确定规划和交付的成本。这种初步的、粗略量级的估算可以使财务决策者决定是否应为项目集提供资金。由于信息、时间和资源有限，可能很难制订出极为详细、准确的成本估算。估算值的精确度往往仅能达到粗略的量级。鉴于这些挑战，识别那些无法估算的成本的性质和来源也会有用。

这项活动的输出为项目集初步成本估算，它也是项目集商业论证、项目集章程和项目集规划阶段的详细项目集成本估算的输入。

8.1.1.4　项目集信息管理评估

项目集在其生命周期中可能生成大量的文档、数据和其他记录。如何方便地收集、共享和维护这些信息可能对项目集团队的效率和项目集相关方对项目集的看法产生重大影响。项目集信息管理的需求应视为项目集构建的一部分，以便评估项目集可能对财务、组织或资源产生的影响。

这项活动的输出为项目集信息管理评估，它也是项目集商业论证、项目集章程和项目集规划阶段的项目集信息管理规划的输入。

8.1.1.5　项目集采购管理评估

对项目集采购需求的评估可作为项目集章程的重要输入。尽管采购政策和实践通常是在项目集获得授权之前就存在的组织或环境因素的组成部分，但在某些情况下（如项目集涉及公私合作关系，或者项目集涉及的组织或工作分布在多个国家），项目集本身也会带来独特的采购挑战。如果采购带来特殊的挑战，或者在项目集交付过程中表现出巨大的工作量，则应在项目集定义期间进行项目集采购评估。

这项活动的输出为项目集采购管理评估，它也是项目集商业论证、项目集章程和项目集规划中的项目集采购管理规划的输入。

8.1.1.6　项目集质量评估

项目集构建应包括对质量制约因素、期望、风险和控制的评估。组织或监管质量标准可作为项目集交付的重要制约因素，对合规项目集的情况尤为如此。对项目集输出质量的期望可以作为确定项目集成本和所需项目集基础设施与资源的重要输入。项目集供应商遵守质量标准的能力也可能是项目集采购和风险评估的重要考虑因素。最后，对项目集进行质量审查或审计，对于实现项目集治理来说可能非常重要。

这项活动的输出为项目集质量评估，它也是项目集商业论证、项目集章程和项目集规划中的项目集质量管理规划的输入。

8.1.1.7 项目集资源需求估算

计划和交付项目集所需的资源包括人员、办公场所、实验室、数据中心或其他设施、各类设备、软件、车辆和办公用品。项目集章程中应该反映对项目集商业论证编制所需资源（尤其是可能需要较长的交付周期，或者影响正在进行的活动的人员和设施）的估算。

这项活动的输出为项目集资源需求估算，它也是项目集商业论证、项目集章程和项目集规划中的项目集资源管理规划的输入。

8.1.1.8 项目集初步风险评估

项目集风险是指一个事件或一系列事件或一些条件，如果出现此类事件或条件，则可能影响项目集的成功。通常，正面风险称为机会，负面风险称为威胁。这些风险来自项目集组件及其彼此间的交互，涉及技术复杂性、进度或成本制约因素，以及项目集管理所处的大环境。

在项目集定义过程中，应评估风险的两个方面。首先，应识别项目集可能遇到的关键风险及其相关可能性与影响，以此作为项目集商业论证和项目集章程的输入。其次，应评估组织接受和处理风险的意愿（有时称为风险偏好），这对于了解项目集交付过程中监督和评估风险所需的支持型活动至关重要。

这项活动的输出为项目集初步风险评估，它也是项目集商业论证、项目集初步成本估算、项目集章程、项目集路线图和项目集规划阶段的项目集风险管理规划的输入。

8.1.1.9 项目集进度评估

项目集章程应包括对项目集交付日期和效益里程碑的期望评估。这种初步评估还应说明活动持续时间评估的置信水平，并确定如果活动过度延误，是否可以启动替代活动。

这项活动的输出为项目集进度评估，它也是项目集商业论证、项目集章程、项目集路线图和项目集规划中的项目集进度管理规划的输入。

8.1.1.10　项目集范围评估

项目集范围定义了在项目集层面交付效益（主要产品、服务或具有指定特性和功能的成果）所需要的工作。项目集范围管理包括定义、制定、监督、控制和验证项目集范围的活动。项目集范围管理使项目集范围与项目集的目的和目标保持一致。它包括将工作分解为旨在交付相关效益的可交付成果的组件产品。

项目集范围评估包括界限、与其他项目集/项目的联系，以及正在进行的活动。项目集范围评估是项目集章程的一个必要组件，它为初步成本、变更、资源、风险和进度评估提供支持。

这种初步的项目集范围评估根据项目集的目的和目标制定项目集范围说明书。这种项目集章程的输入可通过项目组合管理或相关方共识活动向项目集发起人或相关方收集。

这项活动的输出为项目集范围评估，它也是项目集章程的输入。

8.1.2 项目集规划阶段活动

在项目集规划中，将定义项目集组织，部署初始团队，制订项目集管理计划。项目集管理计划将根据组织战略计划、商业论证、项目集章程和项目集定义阶段完成的评估结果制定。该计划包括项目集组件路线图和管理安排，用于监督与控制项目集的交付。考虑到项目集的成功并非根据其基准来衡量，而是通过组织如何能够从项目集成果中实现效益来衡量，该计划应可以接受变更。因此，项目集管理计划是一个参考文件，应视其为一个管理基准。

图8-2说明了项目集规划阶段活动如何通过项目集整合管理的核心活动来支持项目集管理计划的制订。

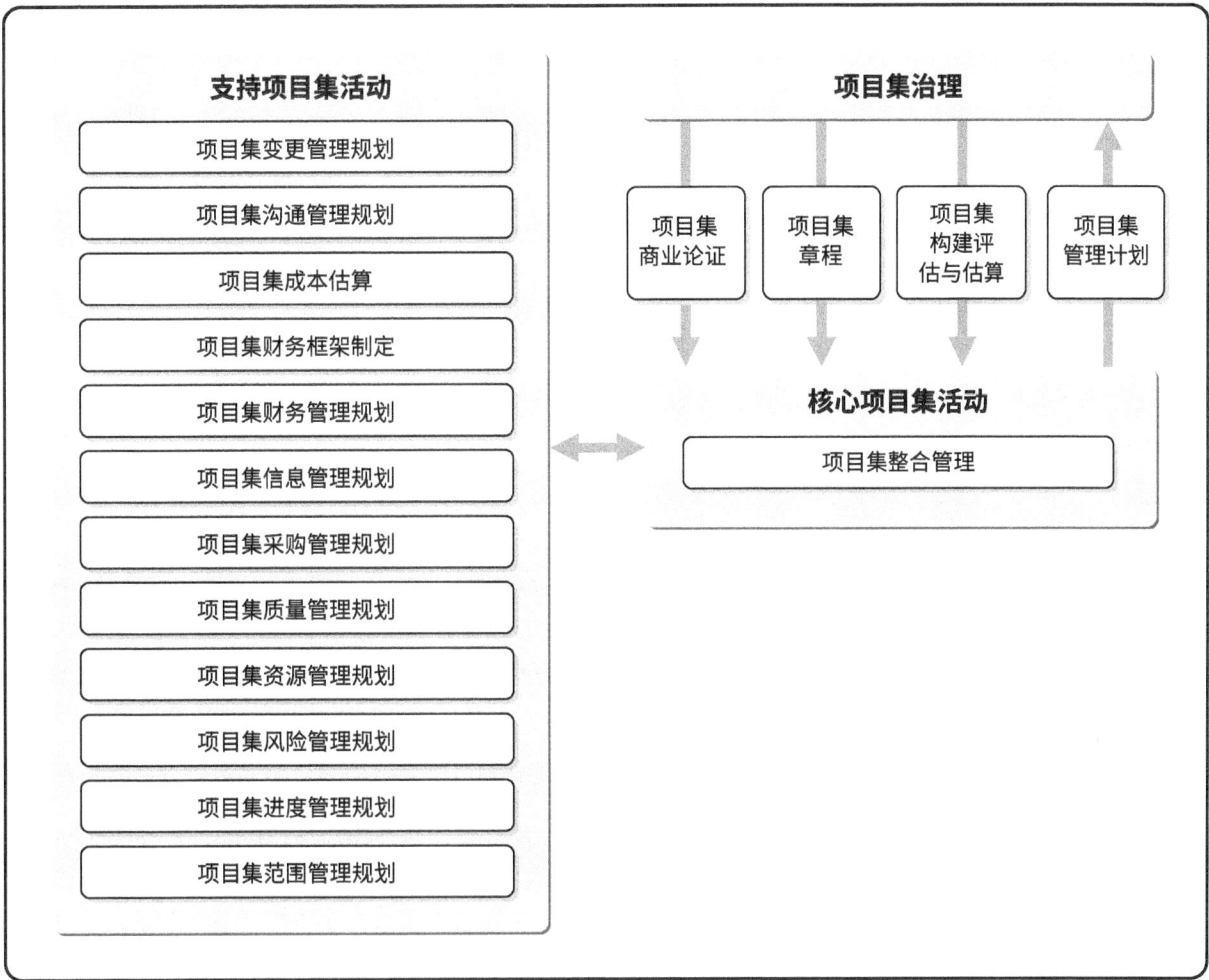

图 8-2　项目集规划阶段活动交互

8.1.2.1　项目集变更管理规划

在项目集期间，应建立变更管理活动来管理变更。项目集变更管理计划是项目集管理计划的组件，它制定了项目集变更管理的原则和程序，包括获取请求变更的方法，对各请求变更的评估，确定各请求变更的处置，与受影响的相关方就决策进行沟通，记录变更请求和支持细节，以及授权提供资金和开展工作。值得注意的是，该计划应关注如何评估变更（例如，组件变更、路线图变更、技术变更等）对项目集成果，以及对相关方预期效益的影响。项目集指导委员会应根据上述假设，针对触发变更流程的项目集变更临界值达成一致。

这项活动的输出包括：

◆ 项目集变更管理计划；

◆ 项目集变更临界值。

8.1.2.2　项目集沟通管理规划

项目集内部和外部沟通管理的重要性不容低估或忽视。项目集经理应花费大量时间和精力与项目集相关方沟通，其中包括项目集团队、组件团队、组件经理、客户及项目集发起人。如果沟通工作不足，可能引发重大问题。项目集沟通管理包括为了及时、适当地生成、收集、发布、存储、检索并最终处置项目集信息所进行的活动。这些活动提供了人员与信息之间的关键联系，这些联系对于成功的沟通和决策来说是必要的。

项目集沟通管理规划活动负责根据谁需要什么信息，什么时候需要，如何提供信息，以及由谁提供，来确定项目集相关方的信息和沟通需求。项目集沟通管理计划是项目集管理计划的组件，它规定了如何、何时、由谁来管理和发布信息。沟通要求应明确，以促进项目集及其组件之间和项目集之间的信息传递，以适当的方式将适当的内容交付给适当的相关方。针对特定相关方的具体沟通要求应记录在相关方登记册中。

随着项目集的实施，会有新的组件加入，也会出现新的相关方需要沟通。在规划沟通时就应考虑到这种差别。在制订项目集沟通管理计划时，应考虑文化和语言差异、时差及涉及全球化的其他因素。尽管很复杂，但项目集沟通管理规划对于任何项目集的成功都至关重要。

这项活动的输出包括：

◆ 项目集沟通管理计划；

◆ 相关方登记册中的沟通需求输入。

8.1.2.3 项目集成本估算

项目集成本估算贯穿于整个项目集实施过程。许多组织采用一种分级提供资金的流程，在项目集各个主要阶段，都会做出一系列"推进/不推进"决策。他们同意遵守一个全面的财务管理计划，仅针对各个治理里程碑的下一个阶段做出预算承诺。

根据要执行的工作的风险和复杂性，可应用权重或概率来推导成本估算中的置信因子。成本估算还可使用蒙特卡洛模拟等统计方法。这种置信因子用于确定项目集成本的可能范围。在确定项目集成本时，决策者不仅需要考虑开发和实施成本，而且还要考虑项目集完成后可能发生的维持成本。计算整个生命周期的成本，包括移交和维持成本，就得到总体拥有成本。总体拥有成本用于比较一个项目集相对于另一个项目集的预期效益，从而推导出投资决策。进行项目集成本估算有若干种估算方法：

项目集成本估算还应确定估算中的任何关键假设，因为这些假设在项目集交付过程中可能被证明缺乏根据，并需要重新考虑项目集商业论证，或者修订项目集管理计划。

最后，项目集成本估算可支持或指导组件层面的成本估算。任何旨在用于组件级的项目集层面通用成本估算指南都应形成文档，并与组件经理沟通。

这项活动的输出包括：

◆ 项目集成本估算；

◆ 项目集成本估算假设；

◆ 组件成本估算方针。

8.1.2.4 项目集财务框架制定

项目集类型和资金结构决定了项目集实施期间的财务环境。资金提供模式各不相同，包括：

◆ 资金完全在一个组织内部提供；

◆ 资金分别提供，但由一个组织进行管理；

◆ 资金完全来自组织外部，也完全由外部管理；

◆ 由内外部资金来源提供支持。

项目集本身往往会由一个或多个来源提供资金，而项目集组件可能由完全不同的来源提供资金。除资金来源之外，资金的时间安排也将直接影响到项目集的执行能力。与项目相比，项目集成本比其相关效益发生得更早（往往会早若干年）。项目集开发的融资目标是获得资金，以弥补开发资金与获得的项目集效益之间的缺口。以最有效的方式弥补这种巨大的资金缺口是项目集融资所面对的一项关键挑战。由于大多数项目集都会涉及大量资金，因此出资组织一般不是被动的合作伙伴，而会针对项目集管理、业务负责人、技术负责人和项目集经理所做的决策做出重要输入。因此，应该积极地、及时地与项目集发起人和其他重要相关方沟通。

项目集财务框架是一个协调项目集可用资金的、确定制约因素和资金分配的、高层级的初步计划。项目集财务框架定义和描述了项目集的资金流动，以尽可能高效地使用资金。

随着项目集财务框架的制定和分析，可能发现影响项目集所依据的原始商业论证的变更。应根据这些变更，对商业论证进行修改，决策者应全面参与其中（见第3.1 节）。

了解项目集发起人和出资组织代表在财务安排方面独特的具体需求将非常重要。可能需要对项目集沟通管理和相关方参与计划进行更新，以反映这些需求。

这项活动的输出包括：

◆ 项目集财务框架；

◆ 商业论证更新；

◆ 项目集沟通管理和相关方参与计划的更新。

8.1.2.5　项目集财务管理规划

项目集财务管理规划包括确定项目集财务来源和资源、整合项目集各组件的预算、编制项目集总预算，以及控制项目集成本等相关活动。在此背景下，项目集财务管理计划是项目集管理计划的一个组件，它包括项目集所有财务方面的安排：投资进度计划和里程碑、初步预算、合同付款和进度计划、财务报告活动和机制及财务指标。

项目集财务管理计划扩展了项目集财务框架，它描述的管理事项包括：风险准备金、潜在现金流问题、国际汇率波动、未来利率涨跌、通货膨胀、货币贬值、当地金融法律、材料成本变化趋势及合同奖惩条款。这个计划应包括为项目集组件分配资金的批准或授权过程。对于在内部融资的项目集，无论资金来自留存收益、银行贷款还是出售债券，项目集经理都应考虑合同付款进度计划、通货膨胀等上述因素和其他环境因素。在制订项目集财务管理计划时，项目集经理还应考虑任何组件的付款进度计划、运营成本和基础设施成本。

制定项目集的初步预算涉及汇编所有可用的财务信息，详细列出所有收入和付款计划，以便可以跟踪作为项目集预算一部分的项目集成本。预算一旦成为基准，就将成为衡量项目集的主要财务目标。

制定衡量项目集效益的财务指标非常重要。这通常是一个挑战，因为在项目集规模和持续时间之间往往难以建立因果关系。项目集团队和项目集指导委员会的任务之一是制定和验证这些财务绩效指标。

由于在整个项目集持续期间，成本、进度和范围会随时变化，因此要根据在批准项目集时使用的初步指标来衡量这些指标。这些财务指标的衡量结果将是做出继续、取消或修改项目集的决策的部分依据。在财务管理计划中识别的项目集财务风险应纳入项目集风险登记册。

这项活动的输出包括:

◆ 项目集财务管理计划;

◆ 项目集初步预算;

◆ 项目集资金进度计划;

◆ 组件付款进度计划;

◆ 项目集运营成本;

◆ 项目集风险登记册输入;

◆ 项目集财务指标。

8.1.2.6　项目集信息管理规划

项目集信息管理计划是项目集管理计划的一个组件,它描述了项目集信息资产的准备、收集与整理和保护。它通常包括(但不限于)信息管理政策、分发列表、适当的工具、模板和报告格式。这些信息将通过各种媒体收集和检索,包括人工归档系统、电子数据库、项目管理软件,以及允许访问技术文档(如工程图纸、设计规范和测试计划)的系统。项目集信息管理系统确定后,将确定项目集信息发布方法。利用信息技术可将大量数据快速传播给大量接收者,这就需要对项目集信息管理系统进行认真的规划和设置。

这项活动的输出包括:

◆ 项目集信息管理计划;

◆ 项目集信息管理工具和模板。

8.1.2.7　项目集采购管理规划

项目集采购管理规划应用必要的知识、技能、工具和技术来获得产品和服务,以满足整个项目集和其中各项目/组件的需求。项目集采购管理规划处理为了获取产品和服务所必需的活动,从而满足了管理整体项目集的独特具体采购需求和各个组件的需求。项目集采购管理计划是项目集管理计划的一个组件,它描述了项目集如何从执行组织外部获得所需的货物和服务。

项目集经理应了解交付项目集预期效益所需的资源。在这项活动中，自制或外购决策和项目集工作分解结构图表等都是有用的技巧。项目集经理需要了解可用的资金和各组件的需求。

早期的密集规划对项目集采购管理取得成功至关重要。通过规划活动，项目集经理能查看所有项目集组件，制订综合计划以优化采购，从而实现项目集目标并交付项目集效益。为此，项目集采购管理应解决项目集范围内各种采购的共性和差异性问题，并确定以下事项：

◆ 与分别进行若干次采购活动相比，通过一次整体采购能否更好地满足若干组件的某些共同需求。

◆ 项目集中规划的各类采购合同的最佳组合；在组件层面，特定类型的合同（例如，固定总价合同）似乎是最好的采购解决方案，但在项目集层面，对于相同的采购活动，采用不同的合同类型（例如，酬金合同）会更好。

◆ 项目集范围内最好的竞争方法（例如，项目集某领域单一来源采购合同的风险可以通过项目集其他领域的完全公开竞争所涉及的不同风险来进行平衡）。

◆ 项目集范围内平衡特定外部监管要求的最佳方法；例如，最好不对项目集的每个合同留出某个百分比以满足小企业采购要求，而应通过授予一个完整的合同来满足同样的要求。

在规划阶段往往要对备选方案进行分析。其中可能包括信息邀请书（RFI）、可行性研究、权衡研究和市场分析，以确定满足项目集特定需求的最佳解决方案和服务。

由于优化项目集采购管理的内在需要，以及遵守所有法律和财务义务的要求，所有负责组件级采购的人员都必须密切合作，尤其是在规划阶段。

这项活动的输出包括：

◆ 项目集采购标准；

◆ 项目集采购管理计划；

◆ 项目集预算/财务计划更新。

8.1.2.8　项目集质量管理规划

项目集质量管理规划确定与整体项目集相关的组织或监管质量标准，并规定如何在整个项目集中达到这些标准。项目集质量管理计划是项目集管理计划的组件，它描述了如何实施组织的质量政策。在一个项目集中，往往存在许多不同的质量保证要求，以及不同的测试和质量控制方法与活动。项目集质量管理是执行组织的相关活动，用于确定项目集的质量政策、目标和职责，以使项目集能够成功。项目集质量管理旨在协调这些不同的要求和控制方法，并可能增加其他要求，以确保项目集的整体质量。项目集经理可以采用的一种良好实践是，在与所有项目集组件共享的质量政策中指明整体项目集的质量目标和原则。

项目集管理负责适当规划在项目集整个生命周期中的质量保证标准，这种规划实际上可能超越单个组件的进度计划。在适当的时候，例如，在项目集生命周期中有新法律颁布或有新组件引入时，可以在项目集中引入并采用新的质量控制工具、活动和技术。

在启动项目集时，应评估质量要求等级的成本，并且纳入商业计划中。质量是所有组件中的可变成本，应考虑纳入项目集质量管理计划中。通过项目集质量分析来在整个项目集中进行质量评估，这样做是有益的，其目的是结合质量测试和检查，在可行的情况下降低成本。如果测试无法协调，在整个项目集实施过程中就需要进行多次产品和可交付成果测试，还会产生不必要的成本。应该指出的是，这项活动的输出为质量管理计划，它提供了项目集中所包含的质量保证和质量控制措施，以及基于项目集范围的检查方法。

在定义所有项目集管理活动，以及各项可交付成果和服务时，都应考虑质量管理。例如，在制订项目集资源管理计划时，建议项目集质量经理参与规划活动，验证质量活动和控制是否适用并流向所有组件，包括由分包商执行的组件。

这项活动的输出是项目集质量管理计划，其中可包括：

◆ 项目集质量政策；

◆ 项目集质量标准；

◆ 项目集质量成本估算；

◆ 质量指标、服务等级协议或谅解备忘录；

◆ 质量核对单；

◆ 质量保证和控制规范。

8.1.2.9 项目集资源管理规划

项目集层面的资源管理与组件层面的资源管理不同；项目集经理需要在不确定的范围内工作，并平衡其所负责的组件的需求。项目集资源管理确保向项目集各组件管理人员提供所有需要的资源（人员、设备、材料等），以使项目集能够交付效益。

资源管理规划包括确定现有资源和对额外资源的需求。就人力资源而言，由于完成各组件之后，可以在组件之间重新分配资源，因此，成功完成每个组件所需的资源总和可能少于完成项目集所需的资源总量。项目集经理根据潜能与能力来分析每种资源的可用性，以确定如何跨组件分配这些资源才能避免过度使用或支持不足的问题。可以使用历史信息来确定类似项目和项目集所需的资源类型。

资源管理计划是项目集管理计划的一个组件，它预测了各项目集组件中的预期资源使用水平和对于项目集主进度计划的相对水平，以便项目集经理识别潜在的资源短缺或有限资源的使用冲突。该计划还描述了做出项目集资源优先级排序决策和解决资源冲突的准则。

当项目集中的资源不可用时，项目集经理可向更大的组织寻求帮助。必要时，项目集经理应与组织合作制定工作说明书（SOW），以通过合同来获得必要的资源。

这项活动的输出包括：

◆ 项目集资源需求；

◆ 项目集资源管理计划。

8.1.2.10 项目集风险管理规划

项目集风险管理规划通过考虑项目集组件，来确定如何处理和执行项目集风险管理活动。风险管理原则应采用《项目风险管理实践标准》[8] 中列出的原则。风险管理计划是项目集管理计划的组件，它描述了如何构建与实施风险管理活动。

规划风险管理活动将基于项目集对组织的风险和重要性，从而确保风险管理的水平、类型和可见性是适当的。它将确定风险管理活动所需的资源和时间。此外，它还将建立风险评估的商定基础。

项目集风险管理规划活动应在项目集定义阶段的早期进行。它对本章所述的其他活动的成功执行至关重要。每当项目集发生重大变化时，风险管理规划活动可能都需要重复进行。这项活动的主要输出是项目集风险登记册，该登记册文档记录了风险、风险分析及风险应对规划的结果。项目集风险登记册是一种动态文档，在项目集交付过程中，将随着项目集风险和风险应对措施的变更而更新。

要构建最适当的项目集风险管理方法，调整风险敏感程度和监控风险严重程度，就必须确定组织的风险画像。风险目标和风险临界值都会影响项目集管理计划。风险画像可在政策声明中提出，也可在行动中披露。这些行动可能突出表明了组织愿意承受高度威胁或不愿放弃更多选择机会。适用于项目集及其组件的市场因素应作为环境因素来加以考虑。在制定风险管理方法的过程中，组织文化和相关方也发挥着重要作用。

组织可能拥有预定的风险管理方法，例如风险类别、概念和术语的通用定义、风险声明格式、标准模板、角色和职责及决策权限级别。从以往执行类似项目集所获得的经验教训也是关键资产，需要将它们作为建立有效风险管理计划的组件进行审查。

这项活动的输出包括：

◆ 项目集风险管理计划；

◆ 项目集风险登记册。

8.1.2.11 项目集进度管理规划

项目集进度管理活动确定产生项目集效益所需要的各组件的顺序和时间，估算完成各组件所需的时间，确定项目集执行中的重要里程碑，并且记录各个里程碑的成果。通常，由于已经详细制订项目集组件进度计划，因此项目集进度计划要与组件协同制订。项目集组件包括项目、子项目集，以及为交付项目集范围而开展的其他工作。

项目集进度管理规划从项目集范围管理计划和项目集工作分解结构（WBS）开始，它定义了项目集组件如何交付项目集的输出和效益。通常，需要在单个组件的详细进度计划完成之前，制订初步的项目集主进度计划。对于项目集的交付日期和主要里程碑，将利用项目集路线图和项目集章程来制定。

项目集主进度计划是最高层级的项目集规划文档，它定义了实现项目集目标所需的项目集组件（各组件和项目集层面的活动）中的单个组件计划和相互依赖关系。它应包含代表项目集输出的组件里程碑或与其他组件的相互依赖关系。

项目集主进度计划还应包括项目集独有的活动，包括但不限于：相关方参与、项目集层面风险减轻、项目集层面评估的相关活动。项目集主进度计划确定了各组件的时间安排，它使项目集经理能够确定项目集将何时交付效益，并识别项目集的外部依赖关系。项目集主进度计划的初稿通常只识别组件的顺序、开始/结束的日期，以及其与其他组件的关键相互依赖关系。随后，随着组件进度计划的制订，可能增加更多的中间组件结果。

在确定高层级项目集主进度计划之后，各组件的日期也随之确定，并用于制订组件进度计划。这些日期通常作为组件层面的制约因素。当一个组件有多个其他组件依赖的可交付成果时，则应将这些可交付成果和相互依赖性反映在整个项目集主进度计划中。当项目集建立在一套现有组件上时，各组件进度计划的里程碑和可交付成果需要纳入项目集主进度计划之中。

《进度计划实践标准》第二版 [9] 列出的进度模型原则也适用于项目集主进度计划。在关键路径上注重基于可交付成果的效益实现，利用相互依赖关系建立基于逻辑的项目集网络图和监督组件输出的关键路径，这对于有效管理项目集主进度计划至关重要。

项目集进度管理计划是项目集管理计划的组件，它为制定、监督与控制项目集进度计划建立准则和活动。项目集进度管理计划应包括在各项目集组件之间协调和控制项目集进度基准变更的指导方针。项目集主进度计划确定组件可交付成果的商定顺序，以便有效规划各组件的交付和预期效益。它向项目集团队/相关方直观地表示出项目集在整个生命周期中将如何交付。项目集主进度计划是一种动态文档，它为项目集经理提供了识别风险和上报可能影响项目集目标的组件问题的机制。

被确定为项目集主进度计划开发部分的项目集进度风险输入应被纳入项目集风险登记册。这些风险可能是由进度计划中组件的相互依赖造成的，也可能是由商定的项目集进度管理计划所确定的外部因素造成的。项目集进度管理计划可建立适用于所有项目集组件的进度标准。

项目集路线图应被定期评估和更新，以确保项目集路线图和项目集主进度计划保持一致。项目集主进度计划的变更可能要求对项目集路线图进行变更，而项目集路线图的变更则应反映在项目集主进度计划中。

这项活动的输出包括：

◆ 项目集进度管理计划；

◆ 项目集主进度计划；

◆ 项目集风险登记册输入；

◆ 项目集路线图更新。

8.1.2.12 项目集范围管理规划

项目集范围管理规划包括确保项目集范围与项目集目的和目标保持一致的所有规划活动。它包括将工作分解为旨在交付相关效益的可交付成果组件产品。它的目标是制定一份详细的项目集范围说明书，将项目集工作分解为可交付成果组件，并制订在整个项目集实施过程中的范围管理的计划。

项目集范围通常以预期效益的形式来描述，但也可以根据项目集的类型，以用户故事或情景的形式来描述。项目集范围涵盖项目集要交付的所有效益，并以项目集工作分解结构的形式反映出来。

项目集工作分解结构是一个面向可交付成果的层次分解结构，它涵盖了项目集的整个范围，包括由各组件产生的可交付成果。项目集工作分解结构中的元素超出了项目集的范围。项目集工作分解结构包括但不限于项目集管理工件，例如计划、程序、标准、流程、项目集管理可交付成果及项目集管理办公室（PMO）支持可交付成果。项目集工作分解结构提供对项目集的概述，并展示各组件如何促进实现项目集目标。分解止于项目集经理要求的控制层级（通常是组件的第一层级或前两个层级）。项目集工作分解结构用作制定项目集主进度计划的框架，并定义项目集经理的管理控制点。它是建立实际进度计划，制定成本估算和组织工作的重要工具。它还为报告、跟踪和控制提供框架。

项目集层面的可交付成果应与效益明确联系起来，并专注于与相关方参与、项目集层面管理（而不是其中组件的管理），以及组件的监督和整合相关的活动。项目集范围包括分解并分配到组件中的范围。应注意避免将组件级的范围分解为与组件经理职责相重叠的细节。

在项目集定义阶段，制定范围后，应制订一个管理、记录和沟通范围变更的计划。项目集范围管理计划是项目集管理计划的组件，它描述了如何定义、制定、监督、控制和确认项目范围。

这项活动的输出包括：

◆ 项目集范围说明书；

◆ 项目集范围管理计划；

◆ 项目集工作分解结构（WBS）。

8.2 项目集交付阶段活动

项目集交付阶段活动包括协调和管理项目集实际交付所需执行的项目集活动。这些活动包括围绕变更控制、报告和信息发布所开展的活动，以及围绕成本、采购、质量和风险所开展的活动。

这些活动提供了贯穿整个项目集生命周期的支持活动和流程，旨在提供项目集监督与控制职能。图 8-3 说明了项目集交付活动如何支持项目集和组件管理。

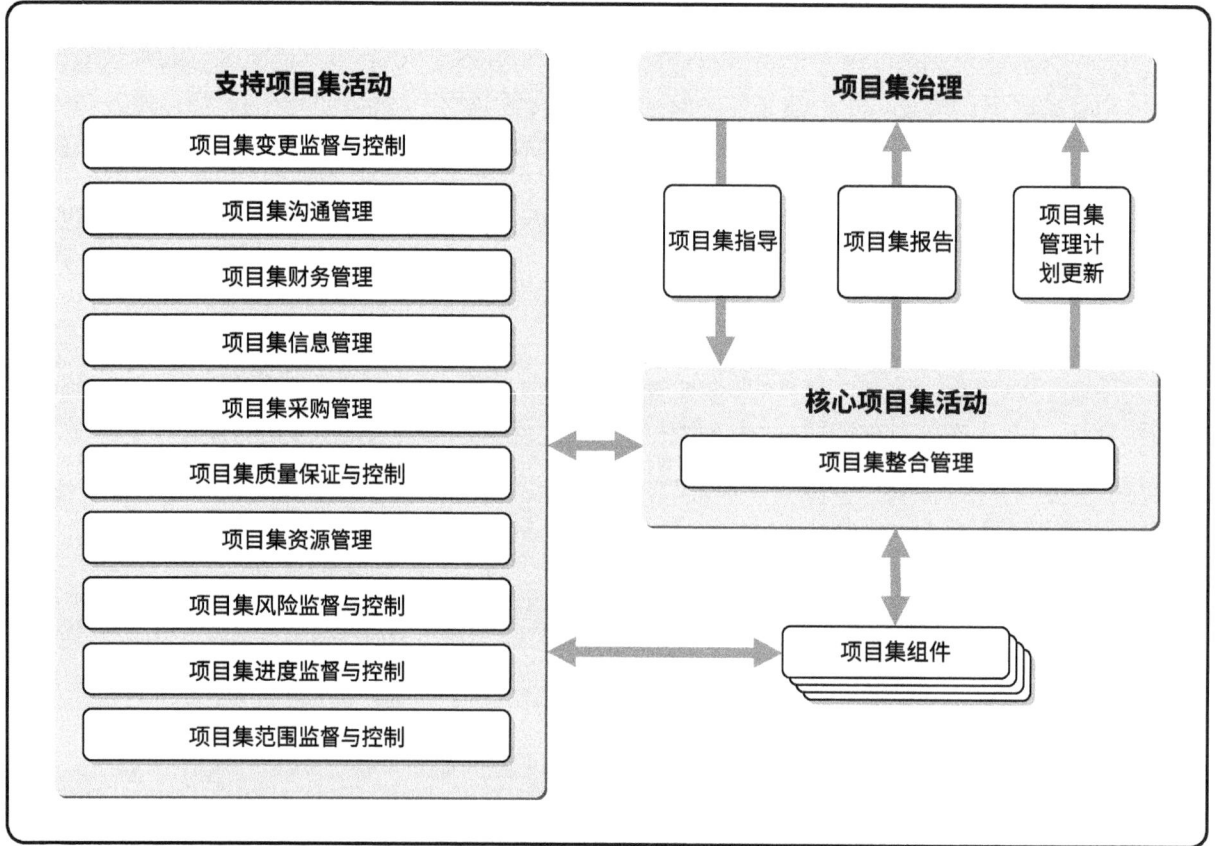

图 8-3 项目集交付阶段活动交互

8.2.1 项目集变更监督与控制

项目集变更监督与控制是用来识别、记录、批准或否决对项目集相关文件、可交付成果或基准的修改活动。项目集变更监督与控制是整体项目集交付监督与控制的一个关键方面，它应包括项目集内部和外部的监督因素，而这些因素可能需要对项目集做出变更。

项目集变更请求是关于修改任何项目集文件、可交付成果或基准的正式提议。项目集变更请求应记录在项目集变更日志中。应分析项目集变更请求，以确定其紧迫性，以及对项目集基准要素和其他项目集组件的影响。当有多种方法实施变更时，应评估各种方法的成本、风险和其他方面，以便选择最有可能实现项目集预期效益的方法。

在项目集经理或项目集指导委员会对项目集变更请求做出决定后，项目集变更控制应确保该请求：

◆ 记录在项目集变更日志中；

◆ 根据项目集沟通管理计划与适当的相关方沟通；

◆ 按照约定反映在组件计划的更新中。

这项活动的输出包括：

◆ 已批准的变更请求；

◆ 项目集变更日志更新。

8.2.2 项目集沟通管理

项目集沟通管理包括为及时而适当地生成、收集、发布、存储、检索并最终处置项目集信息所必须进行的活动。项目集沟通管理包括组件沟通的协调、指导和支持，以确保与项目集整体沟通目标保持一致。项目集信息将发布给有关接收方，包括客户、项目集发起人、项目集指导委员会及组件经理，在某些情况下还会向公众和媒体发布。

这项活动的输出包括针对以下方面的项目集沟通：

◆ 项目集、项目、子项目集或其他工作的状态信息，包括进度、成本信息、风险分析，以及与内外部受众相关的其他信息；

◆ 针对项目集和组件团队的项目集变更请求通知，以及对变更请求的应对；

◆ 针对项目集内部或外部相关方，或者公开披露的财务报告；

◆ 根据法律法规的规定，向政府和监管机构提交的外部文件；

◆ 向立法机构提交的事先摘要；

◆ 传达公共宣传信息的公告；

◆ 新闻稿；

◆ 媒体访谈和效益更新。

8.2.2.1 项目集信息发布方法

项目集信息通过一系列方法发布，其中包括：

◆ 面对面会议和对相关方或项目集团队成员的演示；

◆ 电子沟通和会议工具，如电子邮件、传真、语音邮件、电话、视频和网络会议及网络发布；

◆ 项目集管理电子工具，如进度安排和项目管理软件的网络接口、会议和虚拟办公室支持软件、门户网站和协同工作管理工具；

◆ 社交媒体（基于互联网的小组沟通工具）、访谈、会议演示、市场营销和出版物；

◆ 非正式沟通，如电子邮件、小组对话和员工会议。这些都是日常活动沟通的主要方法，但不用于项目集状态的正式沟通。

无论采用何种发布方式，信息都应处于项目集的控制之下。向受众发布的信息不当可能导致项目集出现问题，在某些情况下还会导致项目集叫停。项目集沟通管理工作既具有挑战性又耗费时间，可能需要分配专职经理负责。

8.2.2.2 项目集报告

项目集报告支持项目集治理和相关方参与，因此，它是项目集沟通的关键要素。项目集报告是整合绩效和报告相关数据的活动，为相关方提供关于资源如何用于交付项目集效益的信息。项目集报告汇总项目、子项目集和项目集活动中的所有信息，针对整体项目集提供一个清晰的画面。

这些信息通过信息发布活动传递给相关方，为他们提供所需的状态和可交付成果信息。此外，这些信息还应传达给项目集团队成员及项目集组件，向他们提供关于项目集的一般信息和背景信息。沟通的信息流应该是一种双向信息流。项目集管理人员应收集和分析任何来自客户或相关方的、针对项目集的沟通，并根据需要在项目集中发布。

这项活动的输出包括：

◆ 项目集发起人或项目集协议要求的报告，包括格式和报告频率；

◆ 客户反馈请求；

◆ 定期报告和演示。

8.2.3 项目集财务管理

在项目集获得初步资金并开始支付费用后，财务工作就会进入跟踪、监督和控制项目集资金和支出的阶段。

监督项目集的财务并将支出控制在预算内，是确保项目集符合投资机构或上级组织目标的关键措施。成本超出计划预算的项目集，可能不再满足用于证明其合理性的商业论证，并可能被取消。即使轻微超支也需要进行审计和管理监督，并且应证明其合理性。典型的财务管理活动包括：

◆ 确定造成预算基准变更的因素；

◆ 监督造成潜在影响的环境因素；

◆ 管理发生的变更；

◆ 监督在组件之间重新分配支出的影响和结果；

◆ 监督合同支出以确保根据合同分配资金；

◆ 实施挣值管理（进度绩效指数、成本绩效指数）；

◆ 确定预算超限或支出低于预算对项目集组件的影响；

◆ 将预算基准的变更传达给治理小组和审计师（项目集和组件层面）；

◆ 管理项目集基础设施的支出，以确保成本在预期参数范围内。

在这项活动过程中，将根据合同、项目集的财务基础设施及合同可交付成果的状态进行付款。组件的工作完成后，相应的组件预算将被关闭。在整个项目集实施过程中，由于批准的变更对成本会有重大影响，因此，项目集的预算基准也会相应更新，预算也将重新进行调整。项目集需要定期编制新的财务预测，并根据项目集沟通管理计划进行沟通。同样，批准的项目集或单个组件的变更也应纳入适当的预算。所有这些活动都可能导致项目集管理计划的更新。

这项活动的输出包括：

◆ 合同付款；

◆ 关闭的组件预算；

◆ 项目集预算基准更新；

◆ 批准的变更请求；

◆ 修订的完工估算；

◆ 项目集管理计划更新；

◆ 纠正措施。

8.2.3.1 项目集成本预算

根据定义，项目集由多个组件构成，因此项目集预算应包括各组件的成本，以及管理项目集本身的资源成本。基准项目集预算是衡量项目集的主要财务目标。项目集的大部分成本归于项目集各组件，而不是管理项目集本身。在承包商参与的情况下，详细预算来自合同。将项目集管理和支持项目集活动的成本加入初步预算表中，然后才能制定基准预算。

预算的两个重要部分是项目集付款进度计划和组件付款进度计划。项目集付款进度计划确定出资组织收到资金的进度计划和里程碑。组件付款进度计划说明如何及何时根据合同条款向承包商付款。确定基准后，将对项目集管理计划进行更新。

这项活动的输出包括：

◆ 项目集预算基准的更新；

◆ 项目集付款进度计划；

◆ 组件付款进度计划。

8.2.3.2 组件成本估算

由于项目集具有不确定性这一重要因素，因此，在项目集定义阶段执行初步量级估算时，不是所有的项目集组件都是已知的。另外，考虑到项目集的持续时间通常较长，初步估算的结果可能需要更新，以反映当前的环境和成本考虑因素。进行估算时，尽可能在接近工作开始时计算人力投入，这是一种公认的良好实践。这样，如果输出成本低于原先计划的成本，项目集经理可向项目集发起人提供机会，使其获得随后将在项目集中获得的其他产品。相反，如果成本明显高于原先计划的成本，则可能产生变更请求。在审批活动中，可以根据新的成本对其他产品的效益进行权衡，以确定适当的行动。

应制定项目集中各组件的成本估算。组件成本是基准，并将成为该特定组件的预算。当承包商执行该组件时，其成本将被写入合同。

这项活动的输出包括组件成本估算。

8.2.4 项目集信息管理

有效的项目集管理涉及在组织中的项目集管理、组件管理、项目组合管理、项目集相关方和项目集治理职能之间广泛的信息交流。管理这些信息并使其为项目集沟通、项目集管理或归档提供支持是一项重要而持续的任务，在实施若干项目集或复杂项目集的组织中，情况尤为如此。

这项活动使用项目集信息管理计划中确定的信息管理工具和过程，收集、接收、整理和存储由项目集活动、项目集治理和项目集组件创建的文档和其他信息产品。应该注意信息的准确性和及时性，以避免存在错误、出现不正确的决策。项目集信息库可以为其他项目集活动提供宝贵的帮助，在需要参考以往决策或根据历史项目集信息中反映的趋势进行分析时，情况尤为如此。

这项活动的输出包括：

◆ 项目集信息库更新；

◆ 信息发布和项目集报告的输入。

8.2.4.1 经验教训数据库

经验教训是对所获得知识的汇总。这些知识既可以是从以往执行的类似和相关的项目集中获得的，也可以是从公共数据库中找到的。在更新项目集相关方登记册、项目集风险登记册和项目集沟通管理计划时，或者在考虑对项目集管理计划进行重大变更时（包括引入新项目集组件），经验教训都是需要回顾的关键资产。在必要时，包括在组件完成和项目集结束时，需要更新经验教训数据库。

这项活动的输出包括：

◆ 经验教训报告；

◆ 项目集相关方登记册和风险登记册的输入；

◆ 项目集沟通管理计划更新的输入；

◆ 项目集管理计划变更的输入。

8.2.5　项目集采购管理

项目集经理利用多种工具和技术进行项目集采购，但实施项目集层面采购的关键目标是为组件制定标准。这些标准的形式可能是合格卖方名单、预先谈判的合同、一揽子采购协议和正式的提案评估标准。

项目集经理使用的一种常见结构是，将所有采购集中到一个项目集层面的团队中进行，而不是将该职责分配给各个组件。

这项活动的输出包括：

◆ 报价邀请书 (RFQ)；

◆ 建议邀请书 (RFP)；

◆ 投标邀请书 (IFB)；

◆ 建议书评估标准；

◆ 协议管理计划；

◆ 已签订的协议。

8.2.5.1　项目集合同管理

在落实项目集标准并签署协议后，许多合同的管理和收尾就会移交给项目集组件。合同可交付成果的细节、要求、期限、成本和质量都将在组件层面处理。组件层面的各经理将向项目集经理报告采购成果和组件收尾情况。不过，对于合同在项目集层面管理的情况，组件经理将与项目集人员协调或报告可交付成果、合同变更和其他合同问题。

项目集经理维护采购中的可见性，以确保项目集预算正确地用于获取项目集效益。

这项活动的输出包括：

◆ 绩效/挣值报告；

◆ 当前进度报告；

◆ 供货商/合同绩效报告。

8.2.6　项目集质量保证与控制

项目集质量保证与控制包括与项目集质量定期评估有关的活动，这些活动用来确保项目集将遵守相关质量政策和标准。在项目集规划阶段确定初步质量保证规范后，应对质量进行持续监督和分析。项目集应经常进行质量保证审计，以确保进行正确的更新。根据新的政府法律法规，可能需要制定新的质量标准。项目集管理团队负责实施所有需要的质量变更。由于项目集的持续时间较长，因此，在整个项目集的实施期间，通常需要进行质量保证更新。项目集质量保证关注跨项目集、组件间的质量关系，以及一个组件的质量规范如何影响另一个组件的质量。项目集质量保证还包括对项目集组件的质量控制结果进行分析，以确保项目集的整体质量。

这项活动的输出可包括：

◆ 质量保证审计结果；

◆ 质量保证变更请求。

8.2.6.1　项目集质量控制

项目集质量控制对特定组件或项目集的可交付成果与确定结果进行监督，以确定其是否满足质量要求并带来效益的实现。质量控制活动确保质量计划在项目和子项目集层面实施，所使用的质量审查方法通常由组件审查实施。质量控制贯穿于整个项目集期间。项目集成果包括产品和服务的可交付成果、管理成果、成本进度计划、绩效及最终用户实现的效益。最终用户满意度是衡量项目集质量的重要指标。由项目集交付的效益、产品或服务的适用性最好由接受方评估。为此，项目集经常将客户满意度调查作为质量控制衡量方法。

这项活动的输出可包括：

◆ 质量变更请求；

◆ 质量控制完成检查表和检查报告；

◆ 质量测试报告或衡量结果。

8.2.7　项目集资源管理

在项目集交付中，项目集经理需要监督、控制和调整项目集资源，以确保效益的交付。资源优先级排序将使项目集经理优先使用稀缺资源，并优化其在项目集各组件中的使用。这往往涉及人力资源规划，其目的是识别、记录项目集的角色和职责，并向个人或团体进行分配。

在项目集交付期间，员工、设施、设备和其他资源的需求都将发生变化。这些波动类似于经济学中的供需关系。项目集经理管理项目集层面的资源，并与组件层面的经理一起管理组件层面的资源，以平衡项目集的需求与资源的可用性。

资源优先级排序决策应基于项目集资源管理计划中的指导方针。由于变更现有项目集组件，或者发起新项目集组件的决策会对项目集资源产生影响，因此可能需要对项目集资源管理计划进行调整。

这项活动的输出包括：

◆ 项目集资源优先级排序决策；

◆ 项目集资源管理计划的更新。

8.2.7.1　资源相互依赖关系管理

资源通常要在项目集中的不同组件之间共享，项目集经理应该努力确保它们的相互依赖关系不会导致效益交付的延误。为了实现这个目的，就需要谨慎地控制稀缺资源的进度计划。项目集经理应确保在当前项目集不再需要某些资源时，为其他项目集释放这些资源。

项目集经理可以与组件经理合作，以确保项目集资源管理计划考虑到相互依赖关系或项目集稀缺资源在使用中的变更。

这项活动的输出包括对项目集资源管理计划的更新。

8.2.8　项目集风险监督与控制

在整个项目集交付期间，项目集风险管理层都将通过以下方式对项目集风险进行监督与控制：

◆ 项目集风险识别；

◆ 项目集风险分析；

◆ 项目集风险应对管理。

另外，还要通过风险监督来确定以下事项：

◆ 项目集假设条件是否仍然成立；

◆ 通过趋势分析，判断评估的风险与先前状态相比是否已发生变更；

◆ 是否正在遵循适当的风险管理政策和程序；

◆ 是否应根据项目集风险修改成本或进度应急储备。

有效的项目集风险监督与控制还需要与组件风险管理职能进行协调。

8.2.8.1　项目集风险识别

项目集风险识别活动确定哪些风险可能影响项目集，记录其特征，并为成功管理风险做好准备。风险识别活动的参与者可包括项目集经理、项目集发起人、项目集团队成员、风险管理团队、项目集团队外的主题专家、客户、最终用户、组件经理、其他项目集组件的经理、相关方和风险管理专家，而且在必要情况下还包括外部审查人员。

风险识别是一项迭代活动。随着项目集的进展，可能会演变出来或获悉新的风险。参与者的迭代和参与频率可能各不相同，但风险声明的格式应该一致。这样才能在项目集中比较风险事件。识别活动应提供足够的信息，以便分析风险并进行优先级排序。

这项活动的输出可包括对项目集风险登记册的更新。

8.2.8.2 项目集风险分析

项目集风险分析应整合相关项目集组件风险。管理组件风险和项目集之间的相互依赖关系将为项目集及其组件带来显著效益。

定性和定量风险分析技术对支持项目集管理决策都很有用。风险管理活动中的这一步骤为支持应急储备和管理储备提供了最佳信息，应该将这些储备用于处理实际发生的风险。评估内容应包括各组件的成本、进度计划、绩效成果及相互依赖关系。

应在项目集层面考虑负面风险（威胁）和积极风险（机会）对组织或外部相关方的效益交付的影响。项目集和组件之间的一个本质区别是时间尺度；组件级风险应该在相对较短的时间内（在阶段或组件结束时）处理，而项目集风险可能适用于遥远的未来。

这项活动的输出可包括：

◆ 建议风险应对；

◆ 项目集风险登记册更新；

◆ 定期风险报告，显示威胁和机会趋势。

8.2.8.3 项目集风险应对管理

为了应对风险，项目集经理应确定措施并指导执行，以减轻负面影响或促进实现潜在效益。项目集经理可以在项目集层面保留应急储备以支持风险应对。项目集应急储备不能代替在组件层面进行的组件应急储备。

根据项目集经理的指示，可以更新项目集风险登记册组件，其中包括：

◆ 实施选定应对策略的具体措施；

◆ 实施选定应对策略所需的预算和进度计划；

◆ 要求执行的应急计划和触发条件；

◆ 作为应对措施的弹回计划，供发生风险且主要应对措施不足以应对时使用；

◆ 在采取预定应对措施之后仍然存在的残余风险，以及被有意接受的风险；

◆ 由实施风险应对措施直接导致的次生风险。

这项活动的输出可包括：

◆ 风险应对实施指导；

◆ 项目集风险登记册更新；

◆ 应急储备和管理储备；

◆ 变更请求。

8.2.9　项目集进度监督与控制

项目集进度监督与控制是确保项目集按时交付所需能力和效益的活动。这项活动包括：根据项目集主进度计划所安排的时间，跟踪和监督所有高层级组件与项目集活动的开始和结束及里程碑事件。为了使项目集主进度计划保持准确并反映最新情况，需要更新项目集主进度计划，并指导各组件进度计划的变更。

项目集进度监督与控制工作应与其他项目集活动密切结合，以发现进度偏差，并在必要时按照第7.2.2.2节的描述采取纠正措施。成功的项目集管理取决于项目集的范围、成本和进度能保持一致，这三者相互依赖。进度控制不仅包括识别进度的延误，而且还包括加速项目集或组件进度的机会，并且应该被用于适当的风险管理。在风险管理活动中，应跟踪项目集进度风险。

此外，还应审查项目集主进度计划，以评估组件层面的变更对其他组件和项目集本身的影响。为达成项目集目标，可能需要对进度计划中的组件进行加速或减速。作为整个项目集管理职能的一部分，有必要识别进度延误和提前交付。识别提前交付可能为项目集加速提供机会。由于组件的绩效偏差，为了实现项目集效益，可能需要批准组件进度的偏差。由于项目集具有复杂性和持续时间长的特点，因此可能需要时不时地更新项目集主进度计划，随着变更请求获得批准而纳入新组件或移除现有组件，从而实现不断变化的项目集目标。当项目集主进度计划发生重大变更时，应评估是否需要修订项目集路线图。

项目集进度监督与控制活动包括更新项目集主进度计划、更新项目集路线图及识别进度风险。

这项活动的输出可包括：

◆ 项目集主进度计划更新；

◆ 项目集风险登记册更新；

◆ 项目集路线图更新。

8.2.10　项目集范围监督与控制

为确保项目集成功完成，项目集经理在项目集实施中应监督和控制项目集范围。对组件或项目集产生重大影响的范围变更可能源自项目集的相关方、组件、以前未识别的需求问题或外部来源。

项目集范围的监督与控制应根据项目集变更管理和项目集范围管理的计划而执行。这项活动应收集范围变更请求，评估各变更请求，决定各变更请求的处置，与受影响的相关方沟通决策，并记录变更请求和详细支持信息。重大变更请求获得批准后，可能需要更新项目集管理计划和项目集范围说明书。

在请求变更项目集范围时，项目集经理负责确定项目集中哪些组件会受到影响，并相应地更新项目集工作分解结构。在非常大的项目集中，受影响的组件数量可能很大且难以评估。项目集经理应将自身活动限制在仅管理所分配的组件层面范围，避免控制项目经理或子项目集经理进一步分解组件范围。

这项活动的输出可包括：

◆ 更新的项目集范围说明书；

◆ 请求处理及决策理由的记录文档；

◆ 更新的项目集管理计划；

◆ 更新的项目集工作分解结构。

8.3 项目集收尾阶段活动

项目集收尾阶段活动从项目集组件完成了所有输出的交付，并且项目集开始交付预期效益时就开始了。在某些情况下，项目集治理可能决定在所有组件完成之前就提前执行项目集收尾。无论哪种情况，此阶段项目集活动的目标都是释放项目集资源，支持将剩余项目集的输出和资产（包括文档和数据库）移交给正在进行的组织活动。

图 8-4 说明了项目集收尾活动是如何支持项目集收尾和移交以维持组织运营的。

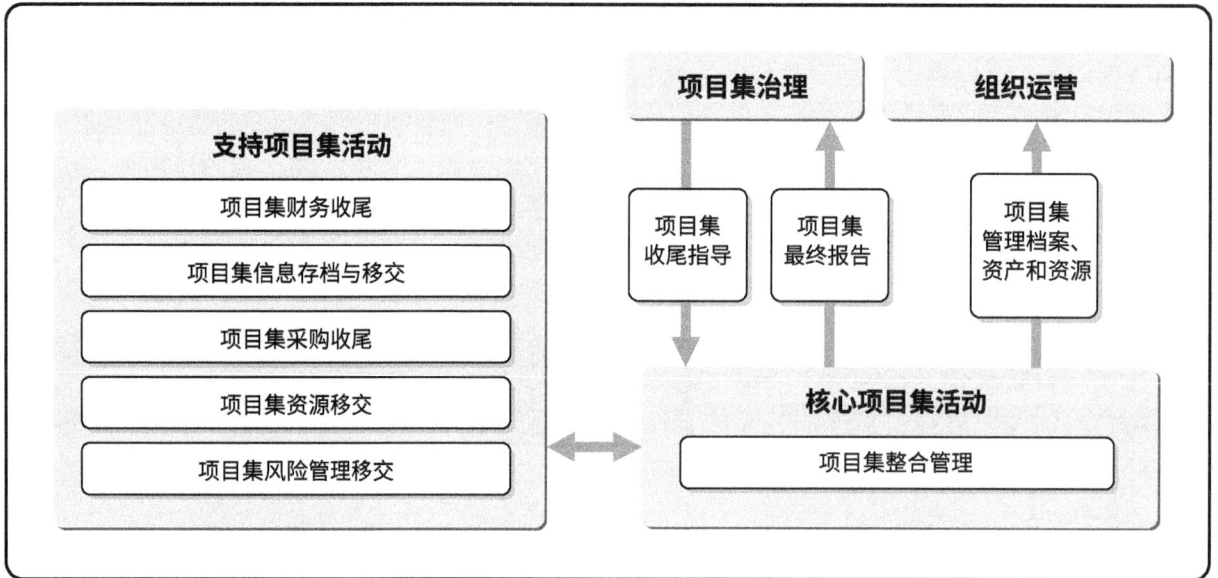

图 8-4　项目集收尾阶段活动交互

8.3.1 项目集财务收尾

为了执行项目集收尾，可能需要通过估算来确定项目集所创造效益的维持成本。尽管这些成本很多是在项目集交付阶段、在组件交付中进行的运营、维护或其他活动中产生的，但仍然需要有剩余的活动来监督效益的持续。这种管理工作可作为单个项目或结果项目集或新的工作纳入独立的项目组合或项目集中，也可纳入新建的或现有的运营管理中。随着项目集接近完成，项目集预算将会关闭，最终的财务报告将根据项目集沟通管理计划来进行沟通。任何未使用的款项将退还给出资组织。

制定维持预算并交付效益后，即完成了项目集财务移交，进入效益维持阶段。

这项活动的输出可包括：

◆ 项目集最终报告的输入；

◆ 项目集财务管理计划的更新；

◆ 知识库的输入；

◆ 项目集实施过程中所使用的新工具和新技术文档（纳入知识管理体系）；

◆ 财务决算表；

◆ 关闭的项目集预算。

8.3.2 项目集信息存档与移交

出于法律原因、为了支持后续运营，或者为了支持其他项目集，可能需要收集项目集记录，将其整理归档，或者供其他组织使用。这项活动的范围可能也包括从组件中收集和存档的各种记录和文档。

项目集收尾中适当的信息管理还包括向新的支持组织提供文件、培训或材料，移交项目集知识，以支持项目集效益的维持。项目集经理可以评估项目集绩效，收集项目集团队成员的观察结果，并提供最终的经验教训报告，该报告包括在整个项目集/组件活动中，不断获得的各项经验教训。该报告可以通报给组织中其他项目集的治理和管理机构，以帮助他们避免在项目集交付期间走入误区。

这项活动的输出包括:

◆ 组织档案的输入;

◆ 向组织治理机构提交的经验教训报告。

8.3.3　项目集采购收尾

项目集采购收尾活动是指在确保所有可交付成果圆满完成、所有款项已支付并且没有未解决的合同问题之后,正式结束项目集各项协议的活动。在项目集提前收尾的情况下,项目集采购收尾会进行有效合同的终止,以避免产生不必要的成本。

这项活动的输出包括:

◆ 合同收尾报告;

◆ 经验教训更新;

◆ 收尾的合同。

8.3.4　项目集资源移交

在项目集收尾时,必须确保正确释放项目集资源。这可能涉及重新分配或重新指定团队成员,以及为其他计划或项目集提供资金。在组件层面重新分配资源可能包括将资源移交给另一个正在执行的组件或组织中需要类似技能组合的另一个项目集。关于组件项目的资源配置的更多信息,请参见《PMBOK® 指南》。

正确、有效地释放项目集资源是项目集收尾中的一项重要活动。在项目集层面,项目集治理机构释放资源,作为确保项目集收尾获得批准的活动的一部分。

这项活动的输出包括释放给其他组织要素的资源。

8.3.5　项目集风险管理移交

虽然项目集已收尾,但仍然可能存在危及组织实现效益的风险。项目集风险管理活动应将这些风险、任何支持分析及应对信息输入适当的组织风险登记册。这项活动可能由组织中并非以实现项目集效益为目的的其他小组来管理,例如组织中的项目集管理办公室。

这项活动的输出包括对其他的组织风险登记册的输入。

参考文献

[1] Project Management Institute. 2017. *A Guide to the Project Management Body of Knowledge (PMBOK® Guide)* – Sixth Edition. Newtown Square, PA: Author.

[2] Project Management Institute. 2013. *The Standard for Portfolio Management* – Third Edition. Newtown Square, PA: Author.

[3] Project Management Institute. 2014. *Implementing Organizational Project Management: A Practice Guide* – Third Edition. Newtown Square, PA: Author.

[4] Project Management Institute. 2015. *PMI Lexicon of Project Management Terms* (Version 3.1). Available from www.pmi.org/lexiconterms.

[5] Project Management Institute. 2006. *Code of Ethics and Professional Conduct*. Available from www.pmi.org/codeofethicsPDF.

[6] Project Management Institute. 2013. *Managing Change in Organizations: A Practice Guide*. Newtown Square, PA: Author.

[7] Project Management Institute. 2016. *Governance of Portfolios, Programs, and Projects: A Practice Guide*. Newtown Square, PA: Author.

[8] Project Management Institute. 2009. *Practice Standard for Project Risk Management*. Newtown Square, PA: Author.

[9] Project Management Institute. 2011. *Practice Standard for Scheduling* – Second Edition. Newtown Square, PA: Author.

附录 X1
第四版变更

X1.1　关于本附录

为了充分理解《项目集管理标准》第四版的结构和内容的变更，读者必须了解本第四版编辑委员会的目标以及本标准的发展历程。

在本标准第三版的整个更新过程中，项目委员会清楚地认识到，由于项目集管理逐渐成为一项越来越重要的组织能力，因此越来越迫切地要求更明确地区分《项目集管理标准》与项目管理协会的其他核心标准[包括《项目管理知识体系指南》（《PMBOK®指南》）和《项目组合管理》]。与此同时，本文件也从基于过程的标准转变为基于原则的标准。第四版编辑委员会继续沿着类似的道路前进，主要侧重于微调了构成标准的原则和概念，并确保与其他基本标准和适用的实践标准及实践指南保持一致。

X1.2　目的

具体而言，第四版编辑委员会的目标包括：

◆ 继续将本标准作为基于原则的文件，该文件描述了项目集管理的基本原则，以及通常适用于大多数项目集的良好实践；

◆ 更新内容以反映目前项目集管理所接受的实践；

◆ 确保酌情的更新与项目管理协会的其他标准相互联系并协调。

X1.3　方法

为准备此次更新，第四版编辑委员会制定了一种修订方法，其中包含了若干重要的策略和原则，包括格式和布局（见第X1.3.1 节）以及项目集管理内容（见第X1.3.2 节）。

X1.3.1　格式和布局

当初次看到《项目集管理标准》第四版时，读者便可立即注意到本标准在格式和布局方面所进行的明显修改。在设计第四版框架时，编辑委员会考虑了许多重要因素，这些因素对于熟悉早期版本的读者来说是有益的背景信息，并且也有助于说明从第三版到当前版本的格式过渡。为了说明目前的框架，下面简要总结了本标准从第一版到第四版的演变过程：

◆ **第一版。** 在《项目集管理标准》第一版出版时，它包含了三个关键主题，这些主题涵盖了对项目集管理工作的普遍理解。这些主题包括相关方管理、项目集治理和效益管理。伴随着各个主题，本标准还提供了对项目集管理生命周期的定义。本标准在前面的章节中纳入了这个生命周期的概念，并在随后的章节中做出了进一步阐述。对于本标准中项目集管理工作的定义以及项目集经理的角色，该框架提出了一种明确的、"面向领域"的方法。

◆ **第二版。** 《项目集管理标准》第二版保留了第一版中对三个项目集管理关键主题的某些讨论。然而，许多更新都侧重于进一步提升项目集管理生命周期的存在感。这种方法将项目集管理生命周期定位于贯穿整个标准文件的主要线索。此外，本标准所采用的结构也反映了项目管理协会的项目管理标准（《PMBOK®指南》）的布局和格式。在这种结构中，项目集标准描述了具体的项目集管理过程组和知识领域。有了这个框架，第二版显示了一个明确的、基于生命周期的"过程导向"，以表示项目集管理工作和项目集经理的角色。

◆ **第三版。** 与前两个版本相比，第三版更注重实用性和可读性。仔细分析早期版本中最有效的元素后，编辑委员会决定放弃第二版与《PMBOK®指南》过程组、知识领域以及输入/工具和技术/输出类似的结构，改为采用第一版的面向领域的方法。

第三版中主要进行了以下变更：

- 恢复第一版的面向领域的方法；
- 重点关注 RDS （Role Delineation Study，角色描述研究）中提出的项目集管理绩效领域；
- 吸取项目管理协会之前两个版本的《项目集管理标准》的经验和优点；
- 与美国以外地区针对项目集管理的其他公认标准和著述保持一致。

◆ **第四版**。编辑委员会认为，从第三版到第四版无须做出重大变更，只须着重处理来自第三版的更新意见，以及在内部审查和征求意见稿过程中由主题专家提交的意见。由于从第二版到第三版做出了重大更新，即转变为基于原则的方法，第四版也就有机会进一步加强全文八章的一致性。表 X1-1 总结了各章的主要变更：

表 X1-1　第四版重大变更

已实施的变更	描述
扩充了第 1 章的内容，以介绍关键项目集角色	从附录 X3中吸收了关键内容：项目集分类和项目集经理胜任能力。 扩充了对关键角色的介绍：项目集经理、项目集发起人和项目集管理办公室
对第 2 章进行了改进，以介绍项目集复杂性和相互依赖关系	增加了一个关于项目集复杂性和相互依赖关系的小节。 将项目集生命周期阶段的简介移到了第 7 章
扩充了第 3 章的内容	扩充了项目集风险战略的内容
扩充了第 5 章的内容	扩充了项目集相关方的对应关系和项目集相关方的沟通内容
使第 6 章项目集治理的内容与 PMI 最新治理实践指南保持一致	PMI 出版了最新实践指南——《项目组合、项目集和项目治理实践指南》。仔细审核了项目集治理各章节的内容，使这两份出版物保持一致。现在，本标准和上述实践指南在角色描述方面保持了一致。 扩充了项目集治理相关角色的内容。 调整了内容结构，将基于活动的内容移到了第 8 章
扩充了第 7 章的内容，纳入了对生命周期阶段的介绍	吸收了生命周期阶段介绍的内容。 "项目集效益交付阶段"改为"项目集交付阶段"。 增加了对项目集活动的介绍，为第 8 章做铺垫
更新了第 8 章	本标准继续向基于原则，而不是基于过程的方法靠拢，第 8 章从支持"流程"改为支持"项目集活动"。 对第 8 章的结构进行了重大修改，以帮助从业人员将第 3 章至第 7 章的内容与第 8 章的内容对应起来。现在，项目集活动与项目集生命周期阶段对应，而不是与主题对应
侧重保持本标准各章的协调一致，删除了重复或多余的工件	删除了未说明或未用到的项目集工件。认真细致地协调了各章节对工件的描述
更新了**项目集和项目集管理**的定义	**项目集。**相互关联且被协调管理的项目、子项目集和项目集活动，以便获得分别管理所无法获得的效益。 **项目集管理。**在项目集中应用知识、技能与原则来实现项目集的目标，获得分别管理项目集组件所无法实现的效益和控制

X1.3.2　项目集管理内容

《项目集管理标准》第四版提出了项目集管理独有的概念和实践，并未模仿、复制或呈现可从大量项目管理文献中轻松查阅的概念或流程。在项目集管理过程依赖于或类似于项目管理领域的管理过程的情况下，第四版直接指导读者查阅项目管理相关的文档和读物。

X1.4　章节概述

第X1.4.1节到第X1.4.8 节描述了本标准的各章内容，并详细说明了与第二版和第三版相比，第四版所做的变更。

X1.4.1　第 1 章——引论

在第 1 章中做了小幅变更，旨在提高本标准的一致性，确保在本标准中提前介绍第 2 章至第 8 章所介绍的关键概念。

在第1.2节中，强调了项目集通过组件活动的成果和输出来交付效益的作用。其中还引入了子项目集这一术语，即由另一项目集发起的项目集。

在第1.3节中，强调了确保项目集组件与组织目标保持战略一致性的重要性。

第1.4节详细地明确了项目集管理和项目管理之间的差异和相互作用，强调了项目集的迭代性质。

第1章吸收了第三版附录中的内容，旨在扩大对项目集重要角色（包括项目集发起人和项目集管理办公室的角色）的讨论。第1.7.1节的内容也有所增加，以加强对项目集经理重要技能的描述，其中包括：沟通、相关方参与、变更管理、领导力、分析和组件整合技能。

与以前的版本一样，本章也尽量与项目管理协会的其他基本标准相互协调。表 X1-2 概述了第 1 章的修订内容。

第 1 章	引言
1.1	《项目集管理标准》的目的
1.2	什么是项目集
1.2.1	项目集启动
1.2.2	项目组合、项目集和项目之间的关系
1.3	什么是项目集管理
1.4	项目组合、项目集和项目管理之间的关系以及它们在组织级项目管理 (OPM) 中的角色
1.4.1	项目组合、项目集和项目管理之间的交互
1.4.2	项目集管理与项目组合管理之间的关系
1.4.3	项目集管理与项目管理之间的关系
1.5	组织战略、项目集管理和运营管理之间的关系
1.6	商业价值
1.7	项目集经理的角色
1.7.1	项目集经理的能力
1.8	项目集发起人的角色
1.9	项目集管理办公室的角色

X1.4.2　第 2 章——项目集管理绩效领域

第 2 章的重点是说明项目集管理绩效领域，论述项目集管理不同于项目管理和项目组合管理的独特特征。

第 2 章删除了第2.1.1 节（项目集生命周期阶段）。原因在于，第 2 章的重点是说明项目集管理绩效领域。项目集生命周期将在第 7 章中详细讨论。此外，第2.1.2 节移至第 7 章。

本章的逻辑流程从第2.5节（第三版）移至第2.3节（第四版）。这样就使本章的组织结构更为严密。对项目组合、项目集和项目之间的差异进行了修订。逻辑顺序改为，首先讨论项目组合和项目集之间的差异，然后讨论项目集和项目之间的差异。本版中，项目集和项目有三个区别（复杂性、变更和不确定性），而第三版中只有两个区别（变更和不确定性）。

有关第 2 章的概述，请参见表 X1-3。

表 X1-3　第四版第 2 章

第 2 章	项目集管理绩效领域
2.1	项目集管理绩效领域的定义
2.2	项目集管理绩效领域的交互
2.3	组织战略、项目组合管理和项目集管理的联系
2.4	项目组合和项目集的区别
2.5	项目集和项目的区别
2.5.1	不确定性
2.5.2	管理变更
2.5.3	复杂性

X1.4.3 第 3 章——项目集战略一致性

为进一步加强项目集战略一致性绩效领域，第四版增加了项目集风险管理战略，作为确保项目集与组织战略保持一致的一种手段。制定项目集风险管理战略包括确定项目集风险临界值、执行初步的项目集风险评估、制定高层级项目集风险应对策略，然后应用该策略来指导项目集风险管理活动（积极识别、监督、分析、接受、减轻、规避或退役项目集风险）。

第3章中的其他变更很少，主要包括将过程级细节移至第8章，同时保留了本章中的高层级描述。

表 X1-4 显示了第四版第 3 章的内容。

表 X1-4　第四版第 3 章

第 3 章	项目集战略一致性
3.1	**项目集商业论证**
3.2	**项目集章程**
3.3	**项目集路线图**
3.4	**环境评估**
3.4.1	事业环境因素
3.4.2	环境分析
3.5	**项目集风险管理战略**
3.5.1	战略一致性的风险管理
3.5.2	项目集风险临界值
3.5.3	项目集风险初步评估
3.5.4	项目集风险应对战略

X1.4.4 第 4 章——项目集效益管理

第4章的更新旨在介绍与效益管理相关的风险管理。其中包括风险减轻和风险。本章经过细化，以便与针对生命周期的更新保持一致。术语进行了更新，以便与标准中新采用的术语保持一致。

图表进行了更新，以使标准中的新文本与其余部分保持一致。

表 X1-5 简要介绍了第 4 章。

表 X1-5　第四版第 4 章

第 4 章	项目集效益管理
4.1	**效益识别**
4.1.1	效益登记册
4.2	**效益分析和规划**
4.2.1	效益管理计划
4.2.2	效益管理和项目集路线图
4.2.3	效益登记册更新
4.3	**效益交付**
4.3.1	效益和项目集组件
4.3.2	效益和项目集治理
4.4	**效益移交**
4.5	**效益维持**

X1.4.5 第 5 章——项目集相关方参与

在本标准第一版中，项目集相关方参与是项目集管理的三大主题之一，其他两个主题是效益实现和项目集治理。这个领域的重点是相关方参与而不是相关方管理，因为在组织中，项目集经理的工作是确保相关方直接和频繁的参与以及对各项参与工作的积极管理。第四版通过详细阐述相关方分析和沟通，对相关信息进行了补充。这些方面对于理解组织文化、政治和与项目集相关的关切及整体影响至关重要，所有这些反过来都可能对项目集效益的交付造成冲击或影响。

表 X1-6 简要介绍了第 5 章。

表 X1-6　第四版第 5 章

第 5 章	项目集相关方参与
5.1	项目集相关方识别
5.2	项目集相关方分析
5.3	项目集相关方参与规划
5.4	项目集相关方参与
5.5	项目集相关方沟通

X1.4.6 第6章——项目集治理

在本标准第一版中，项目集治理是项目集管理的三大主题之一，其他两个主题是效益实现和相关方管理。第四版中将项目集治理作为四个项目集管理绩效领域之一加以详述，项目集治理可以实现和执行项目集决策，制定实践以支持项目集，并维持项目集监督。重点是项目集治理实践和执行这些实践所需的治理角色。

第四版酌情利用了《项目组合、项目集和项目治理：实践指南》第4章的内容，并与之协调一致，涵盖了角色和职责以及项目集与治理的关系。具体融合了"角色和职责"及"项目集与治理关系"章节。

本版介绍了项目集治理设计中所包括的环境和组织因素以及项目集属性（见表X1-7）。在适当情况下，本章的某些内容也调整了结构，随着基于活动的内容移至第8章。

表 X1-7　第四版第 6 章

第 6 章	项目集治理
6.1	**项目集治理实践**
6.1.1	项目集治理计划
6.1.2	项目集治理和愿景与目标
6.1.3	项目集批准、支持和定义
6.1.4	项目集成功标准
6.1.5	项目集监督、报告和控制
6.1.6	项目集风险和问题治理
6.1.7	项目集质量治理
6.1.8	项目集变更治理
6.1.9	项目集治理审查
6.1.10	项目集定期健康检查
6.1.11	项目集组件启动和移交
6.1.12	项目集收尾
6.2	**项目集治理角色**
6.2.1	项目集发起人
6.2.2	项目集指导委员会
6.2.3	项目集管理办公室
6.2.4	项目集经理
6.2.5	项目经理
6.2.6	其他相关方
6.3	**项目集治理的设计与实施**

X1.4.7　第7章——项目集生命周期管理

第四版扩展了项目集生命周期管理部分，以强调项目集整合管理的重要性。这是在整个项目集生命周期中发生的核心活动。因此，涉及项目集层面支持活动的有关项目集整合管理活动从第8章移至第7章。这项更新旨在更完整地说明项目集整合管理如何组合、统一和协调项目集中多个组件的工作。

此外，将项目集效益交付阶段更名为项目集交付。这一变更旨在明确区分项目集生命周期主要阶段与效益管理绩效领域中的效益交付活动。除效益交付活动外，项目集交付阶段还包括效益分析和规划活动。项目集交付阶段包含实现预期效益所需的所有工作，例如优先级排序、启动、规划、执行项目集组件，以及监督每个组件，以确保组件效益与效益实现计划保持一致。

这些关键要素体现了项目集生命周期管理的演变，以及如何执行项目集活动来支持各个组件以实现总体项目集目标。

表 X1-8 简要介绍了第 7 章。

表 X1-8　第四版第 7 章

第 7 章	项目集生命周期管理
7.1	**项目集生命周期**
7.1.1	项目集生命周期阶段概述
7.1.2	项目集定义阶段
7.1.3	项目集交付阶段
7.1.4	项目集收尾阶段
7.2	**项目集活动与整合管理**
7.2.1	项目集活动概述
7.2.2	项目集整合管理
7.2.3	项目集生命周期与项目集活动的对应关系

X1.4.8 第8章——项目集活动

在第三版中，第8章按项目集管理支持过程（包括项目集财务管理、范围管理、沟通管理、采购管理等）进行组织，这些过程提供了所需的过程信息，作为对第 7 章所述项目集生命周期管理的补充。第四版编辑委员会认为，通过将材料重组纳入项目集生命周期阶段，并描述支持各个阶段的活动，可以更有效地保持第 8 章与第 7 章的一致性。项目集变更管理作为项目集活动，在项目集定义和交付期间实现更正式的规划、监督和变更控制。最后，项目集信息管理被描述为独立于项目集沟通管理的项目集活动，这也体现了管理项目集信息资源、反映当前最佳实践的重要性。

表 X1-9 简要介绍了第 8 章。

表 X1-9　第四版第 8 章

第 8 章	项目集活动
8.1	**项目集定义阶段活动**
8.1.1	项目集构建阶段活动
8.1.2	项目集规划阶段活动
8.2	**项目集交付阶段活动**
8.2.1	项目集变更监督与控制
8.2.2	项目集沟通管理
8.2.3	项目集财务管理
8.2.4	项目集信息管理
8.2.5	项目集采购管理
8.2.6	项目集质量保证与控制
8.2.7	项目集资源管理
8.2.8	项目集风险监督与控制
8.2.9	项目集进度监督与控制
8.2.10	项目集范围监督与控制
8.3	**项目集收尾阶段活动**
8.3.1	项目集财务收尾
8.3.2	项目集信息存档与移交
8.3.3	项目集采购收尾
8.3.4	项目集资源移交
8.3.5	项目集风险管理移交

附录 X2
第四版《项目集管理标准》编审人员

本附录囊括了这些为第四版《项目集管理标准》的编纂和出版做出贡献的人员。

项目管理协会对所有人员的支持满怀感激之情，并衷心感谢他们为项目管理事业所做的贡献。

X2.1   第四版《项目集管理标准》核心委员会

以下人员为项目核心委员会成员，他们为文本和概念的编写做出了贡献，同时还负责项目核心委员会的领导工作：

Vanina Mangano, PMP, PMI-RMP, 主席
Carolina Gabriela Spindola, PMP, CSSBB, 副主席
Brad Bigelow, PMP, MSP
Shika Carter, PgMP, PMP
Colette J. Connor, PMP
Wanda Curlee PfMP, PgMP
Richard J. Heaslip, PhD
Felicia Elizabeth Hong, MBA, PMP
Carl Marnewick, PhD
Anca Sluşanschi, PMP, MSc
Maricarmen Suarez, PMP, PgMP
Kristin L. Vitello
Andy Wright, MBA, BSc (Hons)

X2.2　第四版《项目集管理标准》内容委员会

以下人员为第四版《项目集管理标准》的文本、概念的起草做出了贡献，并提供了有关建议：

Chris Richards, PMP
Terry Lee Ricci, PfMP, PgMP
Daniele Pinto, PMP

X2.3　审核人员

X2.3.1　SME 审核

除委员会成员外，以下人员对标准草案进行了审核，并提供了有关建议：

Emad E. Aziz, PfMP, PgMP
Martial Bellec, PgMP, PMI-ACP
James F. Carilli, PfMP, PgMP
David M. Ciriello, PgMP, PMP
Sandy Hoath Cobb, PfMP, PgMP
Christopher L. Edwards MBA, PMP
Scott Girard
Jean Gouix, Eng, PgMP PMP
Ginger Levin, PhD, PgMP, PMP

Jamie Mines
Marvin R. Nelson, MBA, SCPM
Eric S. Norman, PgMP, PMI Fellow
Crispin ("Kik") Piney, BSc, PfMP
Sandra E. Smalley
Matthew D. Tomlinson, PgMP, PMP
Michel Thiry, PhD, PMI Fellow
Gwen Whitman, EMBA, PfMP

X2.3.2 征求意见稿最终审核人员

除委员会成员外，以下人员为第四版《项目集管理标准》征求意见稿提供了改进建议：

Galal Abdelmessih, FEC, PMP
Habeeb Abdulla, PMP, RMP
Ali Abedi, PhD, PMP
Tarik Al Hraki, PMP, P30
Homam Al Khateeb, PMP, ACP
Abubaker Sami Ali, PfMP, PgMP
Bill Allbee, PMP
Wasel Al-Muhammad
Charalampos Apostolopoulos,
    PhD, PMP
Vijaya Chandar Avula
Nabeel Eltyeb Babiker, PMP, P30
Manikandan Bangarusamy,
    PgMP,PMP
Manuel F. Baquero V., MSc, PMP
Thomas Charles Belanger,
    MS, PMP
Shantanu Bhamare, PMP, LIMC
Nigel Blampied, PE, PMP
Greta Blash, PMP, PMI-ACP
Raúl Borges, PMP
Farid F. Bouges, PhD, PfMP, PMP
Alberto S. Brito, MSc
James F. Carilli, PfMP, PgMP
Christopher W. Carson, PMP, CCM
Sergio Luis Conte, PhD
Jesús Cruz-Franco, PgMP, PMP
Larry C. Dalton, PgMP
Shauna Daly
Farshid Damirchilo, MSc, PMP
Jean-Michel De Jaeger Emba, PMP
Kaushal Desai
Saju Devassy, PMP, ITIL
Ivana Dilparic
Yasir Elsadig, PfMP, PMP
Majdi N. Elyyan, PMP, PMI-RMP
Diego H. Escobar, PMP
Sergio Ferreto Gutiérrez,
    MPM, MBA

Nestor C. Gabarda Jr., PMP, MSP
Ravindra Gajendragadkar,
    PMP, MSP
Robert M. Galbraith, PMP
Theofanis Giotis, PMP, PMI-ACP
Jean Gouix
Scott M. Graffius, PMP
Simon Harris, CGEIT, PRINCE2Agile
Patti Harter, PMP
Henry Hattenrath
Susumu Hayakawa, PMP
Hironori Hayashi, PMP, PMI-PBA
Bruce A. Hayes PMP, CSM
Gheorghe Hriscu, PMP, CGEIT
Mamane Ibrahim, PMP, CMQOE
Shuichi Ikeda
Masako Imamura, PMP
Suhail Iqbal, PfMP, PgMP
Frank E. Jakob, PE, PMP
Anand Jayaraman, PMP
Hernan Dario Jimenez
Robert Joslin, PhD, PfMP
Shoichiro Kashimura
Suhail Khaled
Ahmed S. Khalil, Eng, OPM3, PMP
Adeel Khan
Henry Kondo, PfMP, PMP
Ryohei Kondo, PMP
Maciej Koszykowski,
    PMP, PMI-RMP
Mahesh Kuimil, PE, PgMP
Avinash Kumar, PMP
Cristian Lagos
Harisha Lakkavalli, PMP, PgMP
G. Lakshmi Sekhar, PMP, PMI-SP
Craig Letavec, PfMP
Lydia G. Liberio, JD, PMP
Tong Liu, PhD, PMP
Zheng Lou, PgMP, MBA

Lucas Machuca
Sanjay Mandhan
Gaitan Marius Titi, PMP
Lou Marks, PMP
Constance Martin-Wilson
Gary Marx, MBA, PMP
Puian Masudi Far, PhDc, PMP
Sandeep Mathur, PgMP, FAICD
Thomas F. McCabe, CSSMBB, PMP
Mohammed M'hamdi, PMP
Lubomira Mihailova, MBA, PMP
Akiyoshi Miki, PMP
Gloria Miller
Venkatramvasi Mohanvasi, PMP
Mordaka Maciej, PMP
Syed Ahsan Mustaqeem, PE, PMP
Faig Nasibov, PMP
Marvin R. Nelson, MBA, SCPM
Jeffrey S. Nielsen, PgMP, PMP
Eric S. Norman, PgMP, PMI Fellow
Allan Old, PGDipPM, PMP
Habeeb Omar, PfMP, PgMP
Stefan Ondek, PMP
Hariyo Pangarso
Seenivasan Pavanasam,
    PgMP, PfMP
Jean-Pierre Pericaud
Crispin ("Kik") Piney, BSc, PfMP
Svetlana Prahova, PMP
S. Ramani, PgMP, PfMP
Christopher S. Rambo, PgMP, PMP
P. Ravikumar, PMP, PMI-ACP
Michael Reed, PfMP, PMP
Alexander V. Revin, PMP
Juan Carlos Ribero
Bernard Roduit
Stelian Roman, PMP, PMI-ACP
P. Fernando Romero, MBA, PMP

Rafael Fernando Ronces Rosas,
    PMP, ITIL
Parthasarathy Sampath
Edward Shehab, PfMP, PgMP,
Toshiki Shimoike, PhD, PMP
Sandeep Shouche, PgMP, PMI-ACP
Gary J. Sikma, PMP, PMI-ACP
Mauro Sotille, PMP, PMI-RMP
Howard Souder, Jr., CPCM, CFCM
Pranay Srivastava, PMP, CSM

Shoji Tajima, MS, PMP
Tetsuya Tani, PMP
Sivasubramanian Thangarathnam,
    BE, PMP
Matthew D. Tomlinson, PgMP, PMP
Ali Vahedi Diz, PfMP, PgMP
Raymond Z. van Tonder, B-Tech,
    PMP
Toshiyuki Henry Watanabe,
    PE, JP, PMP

Lars Wendestam, MSc, PMP
Deb Whitcomb, MBA, PMP
Michal P. Wieteska, PMP
Karen Wright
Yan Wu, PMP, SPC4
Clement C. L. Yeung, PMP
Kenichi Yoshida, PMP, ITC
Marcin Żmigrodzki, PhD, PgMP

X2.4　PMI 标准项目集成员顾问小组 (MAG)

以下人员为 PMI 标准项目集成员顾问小组成员，参与了第四版《项目集管理标准》的编纂工作：

Maria Cristina Barbero, PMI-ACP, PMP
Brian Grafsgaard, PgMP, PMP
Hagit Landman, PMP, PMI-SP
Yvan Petit PhD, PMP
Chris Stevens, PhD
Dave Violette, MPM, PMP
John Zlockie, MBA, PMP, PMI 标准经理

X2.5　协调机构审核

以下人员为 PMI 标准项目集协调机构成员：

Chris Cartwright, MPM

John L. Dettbarn, Jr., DSc, PE

Charles T. Follin, PMP

Dana J. Goulston, PMP

Brian Grafsgaard, PgMP, PMP

Dave Gunner, MSc, PMP

Dorothy L. Kangas, PMP

Thomas M. Kurihara

Hagit Landman, PMP, PMI-SP

Timothy A. MacFadyen, MBA, MPM

Harold "Mike" Mosley, Jr., PE, PMP

Eric S. Norman, PgMP, PMI Fellow

Nanette Patton, MSBA, PMP

Yvan Petit, PhD, PMP

Michael Reed, PfMP, PM

David W. Ross, PgMP, PMP

Paul E. Shaltry, PMP

Chris Stevens, PhD

Geree V. Streun, PMP, PMI-ACP

Dave Violette, MPM, PMP

X2.6　制作人员

特别感谢以下 PMI 工作人员的付出：

Donn Greenberg，出版社经理

Roberta Storer，产品编辑

Barbara Walsh，出版社出版主管

X2.7　翻译验证志愿者小组

謝志傑 PMP, PgMP, PfMP, PMI-BA

刘张宇 MEng, MBA, PMP, PMI-ACP, CSM, P2-P

曼张

X2.8　翻译验证委员会

Barbara Walsh 发行出版总监

Stephen Townsend 总监 Network Programs

Vivian Isaak 总裁 Magnum Group, Inc. 翻译公司

Brian Middleton 战略方案经理 Magnum Group, Inc. 翻译公司

术语表（英文排序）

1. 术语取舍

本术语表包括以下术语：

◆ 项目集管理专用（如效益管理）。

◆ 虽非项目集管理专用，但与一般日常用法相比，具有不同用法或较狭义的术语（如效益、风险）。

本术语表一般不包括：

◆ 应用领域或行业专用术语。

◆ 在项目集管理中与日常使用中无本质区别的术语（如业务成果）。

◆ 项目集管理使用的术语与《PMBOK® 指南》第六版类似术语并无区别，只是这些术语现在用于项目集层面，而不是项目层面（例如，项目集章程和项目章程具有相同的目的，即批准工作的开始）。

本术语表中定义的许多术语可能具有更广泛的含义，在某些情况下，也可能具有不同的字典定义，以满足项目集管理的环境需要。

2. 定义

Benefit. 效益 由组织和其他相关方所实现的收益及资产，作为项目集可交付成果的结果。

Benefits Analysis and Planning Phase. 效益分析和规划阶段 建立项目集效益管理计划，并制定效益测量指标和框架，用于监控项目集各个组件和效益测量。

Benefits Management Plan. 效益管理计划 对创造、最大化和保持项目或项目集效益的过程进行定义的书面文件。

Benefits Delivery Phase. 效益交付阶段 确保项目集按照效益管理计划中的定义交付预期的效益。

Benefits Identification Phase. 效益识别阶段 分析有关组织和商业战略、内部和外部影响以及项目集驱动因素的可用信息，识别和审核项目集相关方预期实现的效益。

Benefits Sustainment Phase. 效益维持阶段 项目集结束后持续进行维护工作，由接收组织确保继续生成项目集所交付的改进和成果。

Benefits Transition Phase. 效益移交阶段 确保效益移交到运营领域，并且在移交后可以持续的项目集活动。

Business Case. 商业论证 利用经济可行性研究书面文件对项目集交付的效益进行验证。

Component. 组件 项目、子项目集或其他涉及项目集支持的相关活动。

Constraint. 制约因素 对项目、项目集、项目组合或过程的执行有影响的限制性因素。

Enterprise Environmental Factors. 事业环境因素 团队不能直接控制的，将对项目、项目集或项目组合产生影响、限制或指导作用的各种条件。

Performing Organization. 执行组织 其人员最直接参与项目或项目集工作的企业。

Phase Gate. 阶段关口 为做出进入下个阶段、进行整改或者结束项目或者项目集的决定，而开展的阶段末审查。

Portfolio. 项目组合 为实现战略目标而组合在一起管理的项目、项目集、子项目组合和运营工作。

Portfolio Management. 项目组合管理 为实现战略目标而对一个或多个项目组合进行的集中管理。

Procurement Management Plan. 采购管理计划 项目或项目集管理计划的组成部分，说明团队将如何从执行组织外部获取商品和服务。

Program. 项目集 相互关联且被协调管理的项目、子项目集和项目集活动，以便获得分别管理所无法获得的效益。

Program Activities. 项目集活动 为支持项目集而进行的任务和工作，其在整个项目集生命周期有所贡献。

Program Benefits Management. 项目集效益管理 阐明项目集的计划效益和预期成果的过程，以及监督项目集实现上述效益和成果的过程。

Program Benefits Management Performance Domain. 项目集效益管理绩效领域 定义、创建、最大化和交付项目集所提供的效益的绩效领域。

Program Change Management. 项目集变更管理 在项目集进行过程中计划、监督、控制和管理变更的活动。

Program Charter. 项目集章程 由发起人颁布的一份文件，它授权项目集管理团队利用组织资源执行项目集，并将项目集与组织的战略目标联系起来。

Program Closure Phase. 项目集收尾阶段 为将项目集效益移交给维护组织，并以可控的方式正式结束项目集所必须进行的项目集活动。

Program Communications Management. 项目集沟通管理 为及时、适当地生成、收集、分配、存储、检索并最终处置项目集信息所必须进行的活动。

Program Definition Phase. 项目集定义阶段 为达成预期成果，授权项目集并制定所需的项目集路线图而进行的项目集活动。

Program Delivery Phase. 项目集交付阶段 为生成项目集管理计划各组件的预期成果而进行的项目集活动。

Program Financial Framework. 项目集财务框架 协调项目集可用资金、确定制约因素和资金分配的高层级初步计划。

Program Financial Management. 项目集财务管理 确定项目集财务来源和资源、整合项目集各组件的预算、编制项目集总预算以及控制项目集成本等相关活动。

Program Governance. 项目集治理 为了满足组织战略和运营目标的要求，对项目集实施监督、管理和支持的框架、职能和流程。

Program Governance Framework. 项目集治理框架 围绕项目集决策、支持和监督实践的构建、操作和管理的支持结构。

Program Governance Performance Domain. 项目集治理绩效领域 能够支持和执行项目集决策的绩效领域，它为支持项目集制定实践，并维护项目集的监督。

Program Governance Plan. 项目集治理计划 一份描述系统和方法的文件，用于监督、管理和支持给定项目集以及特定角色的职责，以确保这些系统和方法得到及时有效的使用。

Program Information Management. 项目集信息管理 用于准备、收集、组织和确保项目集的信息资产的有关活动。

Program Information Management Plan. 项目集信息管理计划 它是项目集管理计划的一个组成部分，它描述项目集信息资产的准备、收集和组织。

Program Integration Management. 项目集整合管理 识别、定义、合并、统一与协调项目集多个组件的项目集活动。

Program Life Cycle Management. 项目集生命周期管理 管理与项目集定义、项目集交付和项目集收尾相关的所有项目集活动。

Program Life Cycle Management Performance Domain. 项目集生命周期管理绩效领域 为促进有效的项目集定义、项目集交付和项目集收尾，管理所需项目集活动的绩效领域。

Program Management. 项目集管理 在项目集中应用知识、技能与原则来实现项目集的目标，获得分别管理项目集组件所无法实现的效益和控制。

Program Management Information Systems. 项目集管理信息系统 用于收集、集成和交流信息的工具，它对于组织中的一个或多个项目集的有效管理至关重要。

Program Management Office. 项目集管理办公室 对与项目集相关的治理过程进行标准化，并促进资源、方法论、工具和技术共享的一种管理架构。

Program Management Performance Domain. 项目集管理绩效领域 对活动或职能相关领域的补充分组，这些活动或职能在项目集管理工作的整个范围内，专门描述和区分一个绩效领域中的活动。

Program Management Plan. 项目集管理计划 一份整合各个项目集子计划的文件，它建立管理控制和总体计划，以整合和管理项目集的各个组件。

Program Manager. 项目集经理 由执行组织委派，领导团队实现项目集目标的人员。

Program Master Schedule. 项目集主进度计划 一个进度模型的输出，它有逻辑地连接项目集各组件、里程碑以及交付项目集效益所必需的高层级活动。

Program Procurement Management. 项目集采购管理 应用必要的知识、技能、工具和技术来获得产品和服务，以满足整个项目集和其中各项目/组件的需要。

Program Quality Assurance. 项目集质量保证 定期评估整体项目集质量的有关活动，用以确保项目集符合相关的质量政策和标准。

Program Quality Control. 项目集质量控制 对特定组件或项目集的可交付成果与确定结果进行监督，以确定其是否满足质量要求，并带来效益的实现。

Program Quality Management. 项目集质量管理 执行组织的相关活动，用于确定项目集的质量政策、目标和职责，以使项目集能够成功。

Program Resource Management. 项目集资源管理 确保向项目集各组件的管理人员提供所有必需的资源（人员、设备、材料等）的项目集活动，以使项目集能够交付效益。

Program Risk. 项目集风险 一旦发生，会对项目集目标产生积极或消极影响的不确定事件或条件。

Program Risk Management. 项目集风险管理 积极识别、监督、分析、接受、减轻、规避或退役（删除已不再适用的旧风险）项目集风险的项目集活动。

Program Risk Register. 项目集风险登记册 记录风险、风险分析结果和风险应对计划的文件。

Program Roadmap. 项目集路线图 按时间顺序展现项目集的预定方向，以图形方式描述主要里程碑和决策点之间的依赖关系，反映商业战略与项目集工作之间的联系。

Program Schedule Management. 项目集进度管理 确定产出项目集效益所需要的各组成部分的顺序和时间、估算各组件完成所需的时间、确定项目集执行中的重要里程碑以及记录各个里程碑的成果的活动。

Program Scope Management. 项目集范围管理 定义、制定、监督、控制和验证项目集范围的活动。

Program Stakeholder Engagement Performance Domain. 项目集相关方参与绩效领域 识别和分析相关方需求的绩效领域，并且管理期望和沟通，以促进相关方的支持。

Program Steering Committee. 项目集指导委员会 代表不同项目集相关利益的团体，其根据授权，通过治理实践为项目集提供指导、支持和批准。该指导委员会还可称作项目集治理委员会。

Program Strategy Alignment. 项目集战略一致性 与商业战略、组织目标和目的的整合及制定的相关活动，以及运营和绩效满足上述组织目标和目的的程度。

Program Strategy Alignment Performance Domain. 项目集战略一致性绩效领域 识别项目集输出和成果的绩效领域，以便与组织的目标和目的保持一致。

Project. 项目 为创造独特的产品、服务或成果而进行的临时性工作。

Project Management. 项目管理 将知识、技能、工具与技术应用于项目活动，以满足项目的要求。

Quality Management Plan. 质量管理计划 项目或项目集管理计划的组成部分，描述如何实施组织的质量政策。

Risk Management Plan. 风险管理计划 项目、项目集或项目组合管理计划的组成部分，说明将如何安排与实施风险管理活动。

Schedule Management Plan. 进度管理计划 项目或项目集管理计划的组成部分，为编制、监督和控制项目或项目集确定活动。

Scope Management Plan. 范围管理计划 项目或项目集管理计划的组成部分，描述将如何定义、制定、监督、控制和验证项目范围。

Sponsor. 发起人 为项目、项目集或项目组合提供资源和支持，并负责为成功创造条件的个人或团体。

Stakeholder. 相关方 能影响项目、项目集或项目组合的决策、活动或结果的个人、小组或组织，以及会受或自认为会受它们的决策、活动或结果影响的个人、小组或组织。

术语表（中文排序）

采购管理计划 Procurement Management Plan: 项目或项目集管理计划的组成部分，说明团队将如何从执行组织外部获取商品和服务。

发起人 Sponsor: 为项目、项目集或项目组合提供资源和支持，并负责为成功创造条件的个人或团体。

范围管理计划 Scope Management Plan: 项目或项目集管理计划的组成部分，描述将如何定义、制定、监督、控制和验证项目范围。

风险管理计划 Risk Management Plan: 项目、项目集或项目组合管理计划的组成部分，说明将如何安排与实施风险管理活动。

阶段关口 Phase Gate: 为做出进入下个阶段、进行整改或者结束项目或项目集的决定，而开展的阶段末审查。

进度管理计划 Schedule Management Plan: 项目或项目集管理计划的组成部分，为编制、监督和控制项目或项目集确定活动。

商业论证 Business Case: 利用经济可行性研究书面文件对项目集交付的效益进行验证。

事业环境因素 Enterprise Environmental Factors: 团队不能直接控制的，将对项目、项目集或项目组合产生影响、限制或指导作用的各种条件。

相关方 Stakeholder: 能影响项目、项目集或项目组合的决策、活动或结果的个人、小组或组织，以及会受或自认为会受它们的决策、活动或结果影响的个人、小组或组织。

项目 Project: 为创造独特的产品、服务或成果而进行的临时性工作。

项目管理 Project Management: 将知识、技能、工具与技术应用于项目活动，以满足项目的要求。

项目集 Program: 相互关联且被协调管理的项目、子项目集和项目集活动，以便获得分别管理所无法获得的效益。

项目集变更管理 Program Change Management: 在项目集进行过程中计划、监督、控制和管理变更的活动。

项目集财务管理 Program Financial Management: 确定项目集财务来源和资源、整合项目集各组件的预算、编制项目集总预算以及控制项目集成本等相关活动。

项目集财务框架 Program Financial Framework: 协调项目集可用资金、确定制约因素和资金分配的高层级初步计划。

项目集采购管理 Program Procurement Management: 应用必要的知识、技能、工具和技术来获得产品和服务，以满足整个项目集和其中各项目/组件的需要。

项目集定义阶段 Program Definition Phase: 为达成预期成果，授权项目集并制定所需的项目集路线图而进行的项目集活动。

项目集范围管理 Program Scope Management: 定义、制定、监督、控制和验证项目集范围的活动。

项目集风险 Program Risk: 一旦发生，会对项目集目标产生积极或消极影响的不确定事件或条件。

项目集风险登记册 Program Risk Register: 记录风险、风险分析结果和风险应对计划的文件。

项目集风险管理 Program Risk Management: 积极识别、监督、分析、接受、减轻、规避或退役（删除已不再适用的旧风险）项目集风险的项目集活动。

项目集沟通管理 Program Communications Management: 为及时、适当地生成、收集、分配、存储、检索并最终处置项目集信息所必须进行的活动。

项目集管理 Program Management: 在项目集中应用知识、技能与原则来实现项目集的目标，获得分别管理项目集组件所无法实现的效益和控制。

项目集管理办公室 Program Management Office: 对与项目集相关的治理过程进行标准化，并促进资源、方法论、工具和技术共享的一种管理架构。

项目集管理计划 Program Management Plan: 一份整合各个项目集子计划的文件，它建立管理控制和总体计划，以整合和管理项目集的各个组件。

项目集管理绩效领域 Program Management Performance Domain: 对活动或职能相关领域的补充分组，这些活动或职能在项目集管理工作的整个范围内，专门描述和区分一个绩效领域中的活动。

项目集管理信息系统 Program Management Information Systems: 用于收集、集成和交流信息的工具，它对于组织中的一个或多个项目集的有效管理至关重要。

项目集活动 Program Activities: 为支持项目集而进行的任务和工作，其在整个项目集生命周期有所贡献。

项目集交付阶段 Program Delivery Phase: 为生成项目集管理计划各组件的预期成果而进行的项目集活动。

项目集进度管理 Program Schedule Management: 确定产出项目集效益所需要的各组成部分的顺序和时间、估算各组件完成所需的时间、确定项目集执行中的重要里程碑以及记录各个里程碑的成果的活动。

项目集经理 Program Manager: 由执行组织委派，领导团队实现项目集目标的人员。

项目集路线图 Program Roadmap: 按时间顺序展现项目集的预定方向，以图形方式描述主要里程碑和决策点之间的依赖关系，反映商业战略与项目集工作之间的联系。

项目集生命周期管理 Program Life Cycle Management: 管理与项目集定义、项目集交付和项目集收尾相关的所有项目集活动。

项目集生命周期管理绩效领域 Program Life Cycle Management Performance Domain: 为促进有效的项目集定义、项目集交付和项目集收尾，管理所需项目集活动的绩效领域。

项目集收尾阶段 Program Closure Phase: 为将项目集效益移交给维护组织，并以可控的方式正式结束项目集所必须进行的项目集活动。

项目集相关方参与绩效领域 Program Stakeholder Engagement Performance Domain: 识别和分析相关方需求的绩效领域，并且管理期望和沟通，以促进相关方的支持。

项目集效益管理 Program Benefits Management: 阐明项目集的计划效益和预期成果的过程，以及监督项目集实现上述效益和成果的过程。

项目集效益管理绩效领域 Program Benefits Management Performance Domain: 定义、创建、最大化和交付项目集所提供的效益的绩效领域。

项目集信息管理 Program Information Management: 用于准备、收集、组织和确保项目集的信息资产的有关活动。

项目集信息管理计划 Program Information Management Plan: 它是项目集管理计划的一个组成部分，它描述项目集信息资产的准备、收集和组织。

项目集战略一致性 Program Strategy Alignment: 与商业战略、组织目标和目的的整合及制定的相关活动，以及运营和绩效满足上述组织目标和目的的程度。

项目集战略一致性绩效领域 Program Strategy Alignment Performance Domain: 识别项目集输出和成果的绩效领域，以便与组织的目标和目的保持一致。

项目集章程 Program Charter: 由发起人颁布的一份文件，它授权项目集管理团队利用组织资源执行项目集，并将项目集与组织的战略目标联系起来。

项目集整合管理 Program Integration Management: 识别、定义、合并、统一与协调项目集多个组件的项目集活动。

项目集指导委员会 Program Steering Committee: 代表不同项目集相关利益的团体，其根据授权，通过治理实践为项目集提供指导、支持和批准。该指导委员会还可称作项目集治理委员会。

项目集质量保证 Program Quality Assurance: 定期评估整体项目集质量的有关活动，用以确保项目集符合相关的质量政策和标准。

项目集质量管理 Program Quality Management: 执行组织的相关活动，用于确定项目集的质量政策、目标和职责，以使项目集能够成功。

项目集质量控制 Program Quality Control: 对特定组件或项目集的可交付成果与确定结果进行监督，以确定其是否满足质量要求，并带来效益的实现。

项目集治理 Program Governance: 为了满足组织战略和运营目标的要求，对项目集实施监督、管理和支持的框架、职能和流程。

项目集治理计划 Program Governance Plan: 一份描述系统和方法的文件，用于监督、管理和支持给定项目集以及特定角色的职责，以确保这些系统和方法得到及时有效的使用。

项目集治理绩效领域 Program Governance Performance Domain: 能够支持和执行项目集决策的绩效领域，它为支持项目集制定实践，并维护项目集的监督。

项目集治理框架 Program Governance Framework: 围绕项目集决策、支持和监督实践的构建、操作和管理的支持结构。

项目集主进度计划 Program Master Schedule: 一个进度模型的输出，它有逻辑地连接项目集各组件、里程碑以及交付项目集效益所必需的高层级活动。

项目集资源管理 Program Resource Management: 确保向项目集各组件的管理人员提供所有必需的资源（人员、设备、材料等）的项目集活动，以使项目集能够交付效益。

项目组合 Portfolio: 为实现战略目标而组合在一起管理的项目、项目集、子项目组合和运营工作。

项目组合管理 Portfolio Management: 为实现战略目标而对一个或多个项目组合进行的集中管理。

效益 Benefit: 由组织和其他相关方所实现的收益及资产，作为项目集可交付成果的结果。

效益分析和规划阶段 Benefits Analysis and Planning Phase: 建立项目集效益管理计划，并制定效益测量指标和框架，用于监控项目集各个组件和效益测量。

效益管理计划 Benefits Management Plan: 对创造、最大化和保持项目或项目集效益的过程进行定义的书面文件。

效益交付阶段 Benefits Delivery Phase: 确保项目集按照效益管理计划中的定义交付预期的效益。

效益识别阶段 Benefits Identification Phase: 分析有关组织和商业战略、内部和外部影响以及项目集驱动因素的可用信息，识别和审核项目集相关方预期实现的效益。

效益维持阶段 Benefits Sustainment Phase: 项目集结束后持续进行维护工作，由接收组织确保继续生成项目集所交付的改进和成果。

效益移交阶段 Benefits Transition Phase: 确保效益移交到运营领域，并且在移交后可以持续的项目集活动。

执行组织 Performing Organization: 其人员最直接参与项目或项目集工作的企业。

制约因素 Constraint: 对项目、项目集、项目组合或过程的执行有影响的限制性因素。

质量管理计划 Quality Management Plan: 项目或项目集管理计划的组成部分，描述如何实施组织的质量政策。

组件 Component: 项目、子项目集或其他涉及项目集支持的相关活动。

索引

Q

期望管理, 58
权力/兴趣矩阵, 62~63

R

RFP (建议邀请书), 131
RFQ (报价邀请书), 131

S

SOW (工作说明书), 119
SWOT 分析, 40
商业价值。参见效益
　　概述, 15
　　交付, 52, 91
商业论证
　　定义, 164, 168
　　项目集战略一致性和, 34, 35
　　项目集治理和, 72
　　效益识别和, 46, 47
审查
　　决策点, 71, 75
　　项目集治理, 75~76
生命周期。见项目集生命周期; 项目集生命周期
　　管理绩效领域
失败, 风险, 86
使命
　　愿景和, 6, 15, 45, 78
　　战略, 36, 69
事业环境因素
　　定义, 164, 168
　　环境评估和, 38~39
收尾, 项目集, 102
收尾阶段, 14
输出与成果, 7, 16
数据隐私, 60

T

统计方法, 113
投标邀请书 (IFB), 131

W

威胁, 135
文档。参见报告
　　相关方的沟通和, 66
问题
　　管理, 13
　　上报步骤, 73
　　相关方, 65
问题日志, 65

X

相关方
　　定义, 167, 168
　　对应关系, 58
　　复杂性, 31
　　内部或外部, 57
　　权力/兴趣矩阵, 63
　　项目集构建和, 93
　　项目集治理和, 79, 85
相关方参与, 64~65
　　技能, 18
相关方参与计划, 63~64, 107, 115
相关方登记册
　　示例, 60
　　审查和更新, 63
相关方环境, 项目集和, 58
相关方示意图, 62
相互依赖关系。参见依赖关系
　　复杂性, 31
　　项目集组件和, 9, 121, 122
　　协调, 13
　　资源相互依赖关系管理, 133
项目
　　变更, 30
　　变更管理和, 29~31
　　不确定性和, 28~29
　　定义, 167, 168
　　复杂性和, 31, 32
　　项目集和, 4, 7~8, 28~32
　　项目组合和, 7~8
　　作为项目集要素, 4
　　临时性, 7, 13
《项目风险管理实践标准》, 120
《项目复杂性管理: 实践指南》, 31

反侵权盗版声明

电子工业出版社依法对本作品享有专有出版权。任何未经权利人书面许可，复制、销售或通过信息网络传播本作品的行为；歪曲、篡改、剽窃本作品的行为，均违反《中华人民共和国著作权法》，其行为人应承担相应的民事责任和行政责任，构成犯罪的，将被依法追究刑事责任。

为了维护市场秩序，保护权利人的合法权益，我社将依法查处和打击侵权盗版的单位和个人。欢迎社会各界人士积极举报侵权盗版行为，本社将奖励举报有功人员，并保证举报人的信息不被泄露。

举报电话：（010）88254396；（010）88258888

传　　真：（010）88254397

E-mail：　dbqq@phei.com.cn

通信地址：北京市万寿路 173 信箱
　　　　　电子工业出版社总编办公室

邮　　编：100036